RELAÇÕES PÚBLICAS, MERCADO E REDES SOCIAIS

CIP-BRASIL. CATALOGAÇÃO NA PUBLICAÇÃO
SINDICATO NACIONAL DOS EDITORES DE LIVROS, RJ

V613r

Vergili, Rafael
    Relações públicas, mercado e redes sociais / Rafael Vergili. -
1. ed. - São Paulo : Summus, 2014.
    il.

    ISBN 978-85-323-0947-1

    1. Relações públicas. I. Título.

14-10877   CDD: 659.2
                                            CDU: 659.4

www.summus.com.br

Compre em lugar de fotocopiar.
Cada real que você dá por um livro recompensa seus autores
e os convida a produzir mais sobre o tema;
incentiva seus editores a encomendar, traduzir e publicar
outras obras sobre o assunto;
e paga aos livreiros por estocar e levar até você livros
para a sua informação e o seu entretenimento.
Cada real que você dá pela fotocópia não autorizada de um livro
financia o crime e ajuda a matar a produção intelectual de seu país.

Rafael Vergili

RELAÇÕES PÚBLICAS, MERCADO E REDES SOCIAIS

summus editorial

RELAÇÕES PÚBLICAS, MERCADO E REDES SOCIAIS
Copyright © 2014 by Rafael Vergili
Direitos desta edição reservados por Summus Editorial

Editora executiva: **Soraia Bini Cury**
Editora assistente: **Salete Del Guerra**
Capa: **Alberto Mateus**
Projeto gráfico e diagramação: **Crayon Editorial**
Impressão: **Sumago Gráfica Editorial**

Summus Editorial
Departamento editorial
Rua Itapicuru, 613 – 7º andar
05006-000 – São Paulo – SP
Fone: (11) 3872-3322
Fax: (11) 3872-7476
http://www.summus.com.br
e-mail: summus@summus.com.br

Atendimento ao consumidor
Summus Editorial
Fone: (11) 3865-9890

Vendas por atacado
Fone: (11) 3873-8638
Fax: (11) 3872-7476
e-mail: vendas@summus.com.br

Impresso no Brasil

Sumário

Prefácio 7

Introdução 9

1 Internet, web e redes sociais: limites e potencialidades..... 17

2 Deontologia e novos desafios para as relações públicas 43

3 A influência da tecnologia em RP: as maiores empresas do país e as exigências do mercado 65

4 Relação entre entendimento da estrutura tecnológica e articulação de redes sociais 97

Considerações finais 117

Notas 129

Referências 139

Prefácio
Enquanto a noção de mundo não se acaba, se reinventa

Fazer ou não fazer é sempre uma questão. Nossas escolhas a cada dia devem ser mais ancoradas em decisões rápidas e certeiras. Rápidas porque tendemos a acreditar e a agir como se não houvesse tempo a perder; certeiras porque de forma imediata nossas escolhas se espraiam pelas redes com "curtidas", "comentadas" ou "compartilhadas" que nos são gentilmente concedidas por amigos, seguidores ou simplesmente conectados.

A decisão e as escolhas são amparadas pelo conceito de deontologia – ligada à filosofia moral contemporânea –, estudado por Rafael Vergili à luz das relações públicas, profissão (área, campo profissional, acadêmico e científico) associada de forma direta à gestão de relacionamentos entre públicos e organizações (dos mais diversos tipos, objetivos e perfis, vale destacar). A construção do *habitus* do relações-públicas estaria intrinsecamente ligada a um tempo e a um movimento que não necessariamente refletiriam as construções de sentido contemporâneas.

E com a rapidez atual chega-se quase a crer que para ser contemporâneo seja preciso destituir alguns saberes como os experimentados nas "velhas" tecnologias, nas "velhas" redes *offline*. A desestruturação de tempo e de espaço sentida por conta do *online* levou o autor a pesquisar a fundo os perfis de atuação desse profissional – o relações-públicas – no contexto de redes e os demais profissionais que aí se abrigam. E as imbricações entre ser e estar não refletem necessariamente a conjugação que se esperaria. Mas qual conjunção efetiva encontramos? O híbrido entre formação e atuação parece prevalecer, pois a comunicação já não se comporta em si. Cada pessoa, a partir de seus *pocket gigabytes*, consegue enunciar mais e melhor a cada dia, desconstruindo a ideia de poder da comunicação, mas também se crendo "superempoderada", ainda que isso muitas vezes disfarce o desconhecer-do-desconhecer.

Quando na banca de mestrado de Vergili na Cásper Líbero, com os respeitados professores Walter Teixeira Lima Jr. e Edilson Cazeloto, deparei com o pesquisador e com sua obra, não tive dúvida: o trabalho precisava ser publicado. E não apenas como contribuição para as relações públicas ou para a comunicação, mas para pensarmos em como estamos interagindo com o imponderável. A sedução das redes, das tecnologias, da inovação incessante leva ao pensamento de como se formam os públicos e como se constrói a opinião.

Novos temas a cada dia exigem novos e talentosos pesquisadores. Para dar conta disso, vai o meu endosso ao trabalho e à pessoa de Rafael Vergili, jovem envolvido e dedicado às discussões sobre os novos significados gerados a todo instante que nos demandam mente aberta.

Luiz Alberto de Farias, PhD
Professor doutor da Universidade de São Paulo, professor titular da Cásper Líbero e diretor acadêmico da Escola de Comunicação e Educação da Universidade Anhembi Morumbi

Introdução

Os profissionais de relações públicas[1] utilizam diversos veículos de comunicação para tentar melhorar o relacionamento entre as organizações em que atuam e seus *stakeholders* (públicos de interesse). Isso, em consequência, tende a fortalecer a imagem institucional e a reputação corporativa das empresas.

Desde o advento da web, registra-se um aumento constante do acesso à internet e, mais recentemente, da utilização de redes sociais. Em consequência desse processo, e do interesse em novos públicos, é possível afirmar que as redes sociais têm recebido crescente investimento organizacional, tanto no monitoramento quanto na articulação direta. Porém, elas não devem ser – e provavelmente não serão – utilizadas como a única maneira de comunicação com os públicos de interesse de uma empresa.

Como o ambiente em rede continua a ser definido, por muitos, como um espaço sem leis e fronteiras, as empresas ainda não investem plenamente na área. Algumas organizações têm melhorado a qualidade de seus *websites* e até disponibilizado alguns blogues corporativos para tentar aumentar a interatividade com os usuários. Todavia, a profissionalização de um novo segmento de mercado, baseado em redes sociais, ainda pode ser considerada insatisfatória. É o que indica a pesquisa "Mídias sociais nas empresas: o relacionamento *online* com o mercado", realizada pela auditoria e consultoria Deloitte (2010, p. 7):

> Apesar do grande número de organizações que utilizam as mídias sociais, a maioria delas ainda não atinge completamente todos os benefícios prometidos, não compreende os riscos ou não conseguiu implementar mídias sociais de forma integral em toda a empresa, o que exige uma transformação na cultura e nos hábitos dos profissionais que serão os atores sociais no relacionamento com o mercado.

Isso se deve ao fato de essas redes propiciarem um formato de conversação e não de monólogo, em que os próprios usuários definem o que será discutido. Ou seja, insere-se um conceito de comunicação em que existe troca constante de informação. Esse ambiente pouco controlável assusta algumas organizações, que pensam que não conseguirão se defender dos possíveis comentários contrários aos seus produtos e serviços.

Apesar de destacar a importância do uso das redes sociais por empresas, o presente livro não tem o propósito de afirmar que elas são a única solução para todos os problemas de relacionamento e de imagem com os públicos envolvidos com as organizações, configurando uma alternativa para complementar outros processos comunicacionais. De acordo com Carolina Frazon Terra (2011a, p. 23):

> É possível dizer que antes o foco da comunicação organizacional girava em torno da assessoria de imprensa, relações públicas e publicidade. Hoje, a comunicação integrada em diversas mídias (sobretudo digitais) complementa o tradicional tripé imprensa-relações públicas-publicidade, além de ganhar "vozes" de usuários comuns.

Nesse sentido, não há indicação para abdicar de veículos tradicionais, mas reforça-se que o recorte realizado no presente livro enfatiza as redes sociais e, em consequência, o relacionamento com *stakeholders* (públicos de interesse) que têm acesso à web.

Com base nessas definições, busca-se aprofundar o conhecimento na área de relações públicas e promover uma contraposição com as áreas de jornalismo e marketing, que já participam mais intensamente do segmento de mercado referente às redes sociais. Tal constatação está vinculada diretamente a um dos principais motivos de inquietação para o desenvolvimento deste projeto – a análise dos resultados obtidos na pesquisa já referida.

O estudo teve a participação de 302 empresas – de diferentes portes, localidades e setores – e apresentou dados interessantes a respeito da relação entre RP, organizações e redes sociais. Entre os resultados mais significativos, pode-se verificar que as atividades nas mídias sociais, em 73% das organizações, são administradas pela área de marketing. Em seguida, com 16%, pelo departamento de tecnologia da informação. Em quarto lugar, com apenas 12%, vem a área de relações públicas, sendo superada pelo departamento de vendas, com 13%.

Já na pesquisa quantitativa deste livro, que foi realizada apenas com empresas de grande porte e é detalhada no terceiro capítulo, constatou-se que 42,1% das organizações optam por deixar a articulação de redes sociais a cargo da área de comunicação. Na sequência, aparece o núcleo de marketing, com 32,5%. A presença de um departamento específico, focado apenas na web, é a terceira mais utilizada, com representativos 18,3%. Articulações informais por parte dos colaboradores somam reduzidos 7,1%.

Diante desse cenário, o temor, por parte das organizações, de receber opiniões negativas e possivelmente de sofrer prejuízos à reputação corporativa tende a aumentar, devido sobretudo ao foco mercadológico e à ausência de capacitação para relacionamentos no uso das redes. Esse é um desafio com o qual o profissional de relações públicas precisará lidar no processo de demonstração de sua importância no relacionamento com os públicos, por meio de redes sociais, tendo como base o diálogo.

Como registra a pesquisa Deloitte (2010), o relações-públicas ainda não tem participação de destaque – nem de investimento – nas empresas, mesmo com resultados expressivos na satisfação com os serviços apresentados. De acordo com a análise dos dados, as agências de relações públicas e comunicação ficam em primeiro lugar (19%), considerando-se somente as respostas com avaliação excelente, e em segundo lugar (65%), somando-se análises de excelente e bom, sendo superadas apenas por empresas de desenvolvimento web, que atingiram 67% de excelente e bom. Com base apenas nas informações e sem julgamento de valor – até por serem serviços complementares –, é preciso levar em conta que os resultados obtidos pela área de relações públicas podem ser considerados superiores aos das agências de marketing, que obtiveram 15% de avaliação excelente e 50% na soma entre excelente e bom (Deloitte, 2010).

Outro fator instigante é que, pelos resultados obtidos com a pesquisa quantitativa apresentada no terceiro capítulo deste livro, 78,1% das empresas participantes declararam ter o objetivo de aprimorar o relacionamento com seu público nas redes sociais. Paradoxalmente, apenas 12,5% dos respondentes são estudantes de ou graduados em Relações Públicas, teoricamente um profissional formado para exercer essa função.

Qual seria o motivo, então, para o profissional de RP não estar tão inserido nesse segmento de mercado e para a atividade de relações públicas não ser tão valorizada quanto outras de comunicação social em áreas que envolvam redes sociais?

Para tentar responder a essa pergunta, propõe-se uma estrutura com quatro capítulos. Basicamente, os dois capítulos iniciais terão a função de contextualizar os princípios que norteiam a atividade de RP e o novo ambiente em que o profissional está inserido. Já os dois capítulos finais abordarão a aplicação de pesquisas de campo, fazendo ainda a análise e a apresentação dos resultados obtidos, contrastando-os com conceitos de autores renomados na área.

O primeiro capítulo – intitulado "Internet, web e redes sociais: limites e potencialidades" – tem como pressuposto básico a contextualização e a evolução do ambiente em que as redes sociais estão imersas, assim como a descrição dos antecedentes tecnológicos da internet e a importância que a web adquiriu nos últimos anos.

O segundo capítulo – "Deontologia e novos desafios para as relações públicas" – é dedicado à comparação de conceitos de RP, tendo como principal objetivo definir o termo "deontologia" e sua aplicabilidade à profissão de relações públicas, além de criar uma ponte para a abordagem das teorias relativas às redes sociais, destacando a característica de complementaridade para atingir os públicos de interesse e fortalecer a reputação corporativa por meio do relacionamento.

Nesse momento, cabe ressaltar que o estudo considera que a gestão da reputação é importante tanto nas redes sociais quanto nas relações presenciais. O monitoramento e o alcance dos públicos de interesse das organizações eram mais restritos antes do advento da web, quando os princípios norteadores da atividade de RP foram traçados, mas ainda existem lacunas, mesmo nesse novo ambiente, de difícil preenchimento. Ainda que com o auxílio de profissionais capacitados, uma empresa constantemente terá controle limitado sobre sua reputação, até mesmo por ser formada principalmente por um conjunto de atribuições externas. Também terá dificuldades para monitorar e participar ativamente de todas as redes existentes, sendo capaz, em geral, de optar pela delimitação de algumas delas para reduzir prejuízos de imagem e, eventualmente, fortalecer a reputação corporativa diante de grupos selecionados.

Apoiando-se nas premissas supracitadas, o terceiro capítulo – "A influência da tecnologia em RP: as maiores empresas do país e as exigências do mercado" – tem como foco principal a análise dos resultados obtidos com a realização de duas pesquisas de campo, sendo a primeira quantitativa, com articuladores de redes sociais das maiores empresas do país que têm perfil oficial no Twitter, e a segunda qualitativa, com representantes de agências de comunicação e redes sociais que prestam serviços a grandes empresas do Brasil.

Por fim, o quarto capítulo – "Relação entre entendimento da estrutura tecnológica e articulação de redes sociais" – é composto basicamente da análise detalhada das atividades e funções que poderiam ser exercidas pelo profissional de relações públicas nas redes sociais, com base em uma comparação entre a deontologia da profissão e as novas exigências do mercado. Além disso, apresenta discussões acerca do *netweaving* (articulação de redes), da transdisciplinaridade e do pensamento computacional.

Assim, em resumo, com o desenvolvimento dos quatro capítulos mencionados, pretende-se apresentar informações a respeito dos antecedentes tecnológicos e das intencionalidades[2] da internet e das redes sociais; conceitos de RP; resultados de pesquisas de campo; e conteúdo para interessados nas relações entre as novas tecnologias, as alterações nas estruturas organizacionais e a capacitação do profissional de relações públicas. Nas considerações finais, reflito acerca dos valores, da capacitação e das habilidades requisitados pelas grandes empresas para que o RP possa participar desse novo nicho de mercado de maneira efetiva, intensa e constante.

Como devem saber os interessados na temática deste livro, desde 1900, ano em que surgiu a primeira agência de publicidade e relações públicas, a Publicity Bureau, em Boston (Estados Unidos), as cartas, os comunicados de imprensa e os *press kits* enviados à mídia tradicional sempre foram dominantes na área de RP. Porém, com a introdução das novas tecnologias, de acordo com Joseph Straubhaar, Robert LaRose e Lucinda Davenport (2010, p. 311, tradução nossa), "você deve começar sua mensagem *online* para ser visto e ouvido. Não importa se sua empresa ou cliente é local, nacional ou internacional". Nesse sentido, conforme anunciam os próprios autores (*ibidem*, p. 306, tradução nossa): "Bem-vindo ao novo mundo das relações públicas!"

1
Internet, web e redes sociais: limites e potencialidades

Como previu Vilém Flusser (2007), pode-se dizer que, cada vez mais, amplia-se o uso de novas tecnologias, pois os códigos – sistema de símbolos para possibilitar a comunicação entre homens e dar-lhe sentido – tornaram-se extremamente poderosos e transformaram cidadãos em fabricantes de mundos paralelos, que simulam a realidade e coletivamente demonstram aos usuários confiança em sua eficácia.

Em *O mundo codificado: por uma filosofia do design e da comunicação*, o autor, ao tentar desvendar o papel das novas mídias, indica que o ser humano passaria a viver inexoravelmente ligado às máquinas, dependendo em demasia de outra "natureza" e, por conseguinte, convivendo com códigos digitais que ele mesmo ajudou a gerar artificialmente. Flusser, nessa seara, indica que as pontas dos dedos tornam-se as partes mais importantes do organismo, já que são elas as responsáveis por pressionar o teclado, com liberdade controlada – devido às limitações impostas pela máquina – para programar, definir as melhores opções e operar com os símbolos.

Ainda na perspectiva do autor, a tentativa constante de modificar a natureza por meio da tecnologia (maquinação) seria a base de toda cultura, dando origem a uma nova civilização, iniciada pelas tecnoimagens, em que o pensamento em superfície (imagens) absorveria o pensamento linear (escrita), o que seria uma mudança radical no ambiente, nos padrões de comportamento e em toda a estrutura da sociedade. Ou seja, um panorama em que as imagens técnicas superariam a importância dos textos na disseminação de informações. Uma cultura em que os objetos e as máquinas significariam menos obstáculos e cada vez mais veículos de comunicação entre os homens, representando um pouco mais de liberdade.

Em consequência de todo o processo relatado, registra-se um aumento no acesso à internet e na utilização de redes sociais, o que faria com que qualquer número ou dado referente a isso apresentado aqui já estivesse defasado antes mesmo da conclusão desta obra.

Nessa perspectiva, é possível abordar algumas ideias do livro *A galáxia da internet: reflexões sobre a internet, os negócios e a sociedade*, de Manuel Castells (2003), que aborda a história da internet, seu impacto no mundo de hoje e suas possíveis consequências (positivas e negativas), levando em consideração a forma como ela é organizada[3] e utilizada.

Lendo essa obra, é possível observar aspectos importantes do desenvolvimento da internet. Um ambiente extremamente interativo, criativo e produtivo, mas, ao mesmo tempo, composto por um sistema que provoca insegurança[4] e divisão digital. Ao abordar esta última característica, percebe-se na obra o destaque para a desigualdade de difusão da internet, em termos de velocidade e largura de banda. Identifica-se que seus efeitos não se restringem ao número de conexões, mas à quantidade de informações que determinado tipo de público deixa de usufruir.

Diante do contexto apresentado, este capítulo aborda não apenas a trajetória histórica do desenvolvimento da internet como os aparatos que fizeram parte de sua origem e as intencionalidades inseridas em cada etapa, o que nos ajuda a compreender como utilizá-los nos dias de hoje. Também se destaca a importância do ser humano na constituição das redes sociais e mostra-se a influência que se pode ter na segmentação e comunicação direta com determinados tipos de público, criando uma ponte para o tema do segundo capítulo do livro.

Porém, mesmo com todo o conteúdo sobre tecnologia, é possível perceber aqui que o homem continua tendo papel fundamental na constituição dos ambientes – da criação da máquina e dos protocolos[5] à apropriação que o ser humano faz do sistema para gerar movimentos "fora de controle". Um exemplo disso são os protestos e as manifestações que se iniciam na web (ambiente controlado) e se concretizam nas ruas ou até mesmo nas empresas.

Basicamente, fica claro que as redes sociais não são a causa desses processos, mas o efeito dessa estrutura. Os movimentos poderiam ocorrer até mesmo sem os adventos tecnológicos, que servem apenas como suporte para popularizar campanhas e facilitar, por meio do uso doméstico, a troca de informações entre usuários. A tecnologia potencializa o que continua a ser produzido pelo homem, que é quem deve assumir o papel central, já que produz conteúdo e introduz intencionalidades. Ou seja, a rede precisa do homem para alimentá-la e, por consequência, para sobreviver.

ANTECEDENTES TECNOLÓGICOS
E DESENVOLVIMENTO DA INTERNET

Nesse sentido, de acordo com João Antonio Zuffo (2003), durante a pré-história, a comunicação iniciou-se por gestos, com o objetivo de alertar para o perigo imediato. Posteriormente, a articulação de palavras permitiu a troca por sons, aumentando a eficiência da transmissão de informações. No período histórico, a escrita de ideogramas começou a ser utilizada para a preservação de costumes, tradições históricas e mensagens atemporais.

Em seguida, foram inventados: o alfabeto, que facilitou o acesso a informações e experiências preliminares; e a imprensa, que ampliou o universo de leituras e a propagação da cultura.

A partir daí, a comunicação em longa distância – por intermédio do telégrafo, rádio e telefone – começou a adquirir destaque e a consolidar comunidades devido à velocidade de divulgação. A fotografia, o cinema e a televisão, por meio de imagens, favoreceram a memória histórica e a retenção de experiências com maior precisão. O telefone e a televisão de âmbito planetário possibilitaram, por sua vez, a propagação de informações instantâneas e transformaram as pessoas em cidadãos do mundo. Por fim, a internet permitiu a criação de comunidades virtuais e deu início à era da informação.

E é a partir desse sucinto contexto, detalhado nos próximos tópicos, que se procura esboçar alguns traços da trajetória em que a internet se desenvolveu.

EVOLUÇÃO TECNOLÓGICA E ORIGEM DA IMPRENSA

Segundo Zuffo (2003), pode-se dizer, basicamente, que a origem dos sistemas de comunicação se deu nos sinais de fogo, de fumaça e nos tambores. Em 1100, começaram a ser utilizados trompetes e cornetas. Os sistemas de informação que carregam conteúdo começaram com as pinturas rupestres.

Muito tempo depois, na década de 1450, Johannes Gutenberg desenvolveu a prensa de tipos móveis, superando – em estrutura, qualidade, resistência e facilidades, devido ao molde de letras que permitiam a impressão em papel – a antecessora técnica de impressão de gravuras criada pelos chineses séculos antes. Deu-se, então, o início da imprensa moderna, que expandiu vertiginosamente o processo de armazenamento e transmissão de informações. De acordo com os historiadores Asa Briggs e Peter Burke (2006, p. 74), essa "impressão gráfica facilitou a acumulação de conhecimento, por difundir as descobertas mais amplamente e por fazer com que fosse mais difícil perder a informação". E complementam: "Por outro lado, [...] a nova técnica desestabilizou o conhecimento ou o que era entendido como tal, ao tornar os leitores mais conscientes da existência de histórias e interpretações conflitantes".

A IMPORTÂNCIA DO TELÉGRAFO NO ENCURTAMENTO DE DISTÂNCIAS

Ao tomar como base o livro *Comunicação – Do grito ao satélite*, de Antonio Fernando Costella (2002), identifica-se que em 1790, em uma realidade muito diferente, o francês Claude Chappe demonstrou, na prática, o primeiro sistema de telecomunicações. Tratava-se de um telégrafo óptico. O sistema de telegrafia Chappe foi considerado o mais notável telégrafo mecânico, em virtude da eficiência e do número de linhas que possuía. Tinha como elemento básico um mastro vertical de cinco metros de altura que, com a ajuda de diversos aparatos, como hastes e travessões, possibilitava ao conjunto assumir 196 posições diferentes, das quais 92 foram aproveitadas por Chappe para simbolizar letras, números e ordens codificadas. Para transmitir suas mensagens, postes eram colocados a distâncias razoáveis. Em cada poste situava-se um operador, que reproduzia sinais visualizados no poste anterior e, assim, sucessivamente, até o destino. Apesar dos possíveis inconvenientes, como um nevoeiro que atrapalhasse a operação e os riscos de erro humano, o sistema revelou-se muito eficiente e, para o período, extremamente veloz.

O primeiro telégrafo elétrico comercial – que constituiu linhas contínuas, permanentes, regulares e organizadas para a transmissão de sinais a distância – foi construído por *Sir* Charles Wheatstone e *Sir* William Fothergill Cooke, em 1839. O telégrafo elétrico suplantou a tecnologia mecânica e, em 1844, foi aperfeiçoado por Samuel Finley Breese Morse, que deixou o sistema mais conhecido e eficiente, uma vez que, no início, cada agente da telegrafia propunha um código novo para a operação do sistema, o que fazia que vários códigos fossem utilizados simultaneamente. Ao combinar sinais longos e curtos, Morse padronizou seu código e fez o sistema expandir-se pelo mundo.

O maior obstáculo do telégrafo, porém, foi o oceano, já que na época os aparelhos só permitiam a utilização terrestre. Só depois de muitos anos e tentativas frustradas, em 1866, o primeiro cabo transatlântico conseguiu romper os limites da natureza, possibilitando a transmissão de dados para distâncias mais longas.

Nesse contexto, Tom Standage (1998) defende que o telégrafo elétrico desencadeou a maior revolução nas comunicações desde o desenvolvimento da imprensa. A comparação é feita com a internet (que hoje é tratada como uma grande amplificadora de informações) porque o telégrafo, apesar de ser um equipamento diferente, conseguiu encurtar o mundo ao transmitir informações em longas distâncias e, em consequência, teve impacto semelhante ao da internet atual na vida dos seus usuários.

TELEFONIA E MÁQUINAS COMPUTACIONAIS: ESTOPIM PARA DIVERSOS AVANÇOS TECNOLÓGICOS

O telégrafo já havia quebrado a barreira espaço/tempo e criado sistemas entre pares, ou seja, em que era possível ser tanto emissor quanto receptor. Além disso, de acordo com Paulo Henrique de Oliveira Ferreira (2003, p. 67), o telégrafo "levou a imprensa para a idade moderna, já que antes de sua invenção a circulação de notícias ocorria com semanas de atraso. O fluxo de informação se transformou e uma nova fase para a área de comunicação [...] entrou em vigor". Sua evolução deu origem ao telefone – que utilizava o mesmo padrão já estabelecido –, registrado por Alexander Graham Bell em 1876.

Entre 1893 e 1894, a patente da empresa Bell expirou e companhias telefônicas independentes começaram a se organizar. Cinco anos depois, foi fundada a American Telephone and Telegraph (AT&T). Apenas em 1915, 16 anos após a criação da empresa, ocorreu a primeira chamada telefônica intercontinental.

Alan Turing e John Von Neumann: líderes da disseminação tecnológica

A partir de 1936, por meio da máquina criada por Alan Turing[6], a informática e os sistemas computacionais começaram a se desenvolver. O visionário matemático húngaro John Von Neumann[7] foi o responsável pela elaboração do equipamento, que, por meio de uma sequência digital, permitia que quando os mesmos dados fossem inseridos no sistema as mesmas respostas fossem obtidas. O modelo proposto é o mesmo que norteia até hoje o projeto lógico da maioria das máquinas computacionais (exceto as analógicas). Por esse motivo, Neumann pode ser considerado um dos principais responsáveis pela constituição da ciência da computação e, em consequência, dos *softwares*, o que faz que sua análise não seja vista como obsoleta mesmo depois de mais de meio século.

Pode-se dizer que o projeto contempla a lógica de um programa sequencial, instalado na memória modificável da máquina, que, por sua vez, fornece a ordem básica realizada pelo processador central. Sob o prisma das tecnologias, utilizariam um código binário para emitir impulsos. Na ausência de impulso, o dígito binário seria 0 (zero) e, na presença dele, o dígito binário seria 1 (um). Essa conjuntura está diretamente relacionada a quaisquer processos computacionais, que, por sua vez, sempre são norteadas por um algoritmo rigorosamente definido para se comportar bem em todas as condições.

Já com base nesses pressupostos, surge a primeira transmissão de rádio em *broadcasting*, em 1918. E, em 1937, inventou-se o sintetizador eletrônico de voz. O russo Vladimir Kosma Zworykin, dois anos depois, inventou um sistema de transmissão e recepção que deu origem à tecnologia da televisão.

Guerra Fria: mudanças tecnológicas em um período conturbado
Em 1945, após a Segunda Guerra Mundial, restaram no mundo apenas duas superpotências: Estados Unidos (EUA) e União Soviética (URSS), que com o enfraquecimento dos países europeus conquistaram a bipolaridade mundial.

Ao contrário do que se esperava, após seis anos de uma batalha com mais de 50 milhões de mortos pelo mundo, os dois países – que tinham divergências políticas, ideológicas e econômicas – não viveram um pós-guerra pacífico. O clima de antagonismo visível provocou o início de uma disputa entre as duas potências, que durou mais de quatro décadas (1945-1989) e ficou conhecida como Guerra Fria, pela não utilização de armas no confronto direto.

Em meio a esse confuso período, em 1946, John Willian Mauchly e John P. Eckert Jr. projetam o primeiro computador totalmente eletrônico, o Eniac. E, cerca de dois anos depois, John Bardeen, Walter Brattain e William Shockley inventaram o transistor, responsável por uma grande mudança na eletrônica. No ano de 1951, iniciou-se a discagem direta de longa distância. E, em 1962, sete anos após a permissão de conexão de equipamento Bell com rede pública (1955), aconteceu a primeira chamada em telefone digital.

Diante disso, Joseph Straubhaar e Robert LaRose (2004, p. 152) afirmam que "o telefone é, ao mesmo tempo, um dos mais antigos meios de comunicação e o mais atualizado. Muitas das tecnologias que hoje revolucionaram o mundo têm sua origem no sistema de telefonia pública".

PAUL BARAN E A TOPOLOGIA DAS REDES: DIFERENÇAS ENTRE PODER E INFLUÊNCIA

Em 1964, como indica Alexander Galloway (2004), o governo norte-americano contratou a consultoria Rand Corporation para, além de tentar dar uma resposta ao lançamento do satélite soviético Sputnik, solucionar um problema no sistema de comunicação utilizado na época que poderia desestruturar o país no período de Guerra Fria. Tratava-se do modelo hierárquico (centralizado) de comunicação, que fazia que se uma bomba nuclear da URSS atingisse o Pentágono qualquer troca informacional entre todas as instalações militares dos Estados Unidos fosse eliminada. A sugestão da consultoria por intermédio de Paul Baran foi, então, a de optar por um sistema de comunicação não hierárquico, em que um ponto principal (Pentágono) continuaria existindo, mas teria múltiplos *links*, com diversas conexões independentes, a fim de impedir a anulação da comunicação caso apenas um *hub* fosse destruído.

Com base no desenvolvimento das redes e na importância de Paul Baran, Augusto de Franco (2009a) apresenta a centralização da rede como sinônimo de poder, diferentemente da influência que pode ser exercida sobre outros indivíduos.

A discussão sobre os termos se justifica, uma vez que alguns pesquisadores realizam a análise das redes sociais aplicando conceitos da sociologia constituída no período pré-internet – como o de "poder" – no estudo da nova fenomenologia que se detecta nos padrões mais distribuídos do que centralizados de organização, formados a partir do desenvolvimento da web.

Ainda segundo Franco, isso não poderia ser aplicado, já que o poder, do ponto de vista das redes, é um fenômeno próprio de padrões mais centralizados do que distribuídos de organização, ou seja, uma medida de não redes.

Como apresentado mais detalhadamente por mim no texto "A relação homem-máquina e a cooperação nas redes" (2011a), deve-se levar em consideração que as redes sociais são movimentos de desconstituição de hierarquia proporcionais aos seus graus de distribuição, o que influencia a utilização do conceito de poder e as práticas do atual mercado de articulação de redes. Assim, a discussão não trataria da possibilidade de exercer poder nas redes, mas das características de multiplicidade de caminhos que poderiam dificultar e, em alguns casos, até impossibilitar a realização de ações.

Destaca-se, nessa conjuntura, a necessidade de compreender as diferenças entre os termos "influência" e "poder". Segundo Bruno Vieira Diniz e Ana Cristina Limongi-França (2005, p. 24), a influência acontece por meio de uma relação sistêmica diádica, "[...] que ocorre quando o influenciador realiza um processo de influência (eficaz ou não) e quando o influenciado está manifestando efeitos em seu comportamento e/ou estado geral provocados parcial ou totalmente pelo influenciador".

Já o poder, do ponto de vista da tecnologia, deve ser entendido pela centralização da rede. Augusto de Franco (2009a), ao levar em consideração os diagramas de Paul Baran – que podem ser observados na Figura 1 –, relata que é possível calcular os graus de distribuição das redes entre a centralização total e a máxima distribuição. Caso o grau de distribuição, calculado entre 0% e 100%, atingisse níveis maiores do que o grau de centralização, caracterizar-se-ia uma rede distribuída (padrão em que todos podem entrar em contato com todos). No caso de redes mais centralizadas (em que apenas um nó possui contato com todos os outros) do que distribuídas, seriam reforçadas as características de hierarquias, devido à escassez de caminhos para a distribuição de informação.

Nesse sentido, um usuário que tem mais seguidores no Twitter, por exemplo, como não está atuando em redes centralizadas, tende a exercer mais influência, mas isso não significa que tenha necessariamente mais poder.

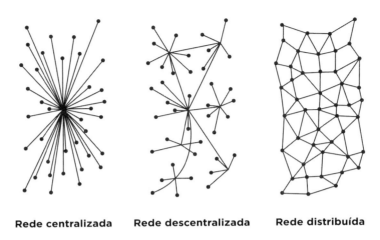

Rede centralizada   **Rede descentralizada**   **Rede distribuída**

Figura 1 – Diagramas de Paul Baran (1964, p. 2): rede centralizada, rede descentralizada e rede distribuída.

Nesse contexto, observa-se que ao se efetivar o novo padrão proposto por Baran, em 1969, surge a precursora da atual internet[8], desenvolvida pelo centro de pesquisas e projetos do Departamento de Defesa dos Estados Unidos, a Advanced Research and Projects Agency (Arpa). Nomeada de Arpanet, sua primeira demonstração de sucesso se deu em 1972. Essa rede computacional utilizava-se de um *backbone*[9], que passava por baixo da terra e possibilitava de maneira segura – pela dificuldade de destruição dos cabos e pela ausência de uma única base de dados – a troca de informações entre militares e pesquisadores, obviamente, ainda em um contexto de guerra. A segurança era maior, também, porque a tecnologia chamada de comutação de pacotes[10], desenvolvida por Paul Baran e implantada no projeto, permitia que mensagens se fragmentassem e, distribuindo-se durante o trajeto, conseguissem encontrar o próprio caminho e se agrupassem apenas em seu destino, remontando e revelando a mensagem original.

ARQUITETURA BÁSICA E CONTROLE PROTOCOLÓGICO DA INTERNET

No início da década de 1970, já com vantagem competitiva conquistada pelos Estados Unidos, os militares permitiram que universidades passassem a ajudar no aprimoramento da Arpanet. Um ano depois, o primeiro microprocessador foi lançado e, dessa maneira, em menos de uma década, no final dos anos 1970, o crescimento de usuários já era tão surpreendente que a Arpanet teve de mudar seu sistema de operação. Para isso, dois cientistas da computação, Robert Kahn e Vint Cerf, em 1974, redigiram um artigo projetando a arquitetura básica da internet.

Para que vários centros de computação pudessem trocar informações, foram desenvolvidos e padronizados protocolos de comunicação. Tal feito havia sido iniciado um ano antes, em 1973, em um seminário em Stanford, com o projeto de protocolo de controle de transmissão (TCP), por meio de um grupo que teve como líderes Vint Cerf, Gerard Le Lann e Robert Metcalfe, este último inventor do sistema de conectividade Ethernet, responsável pela conexão entre computadores em redes locais. Cinco anos depois, em 1978, o próprio Cerf, Jon Postel e Steve Crocker, que trabalhavam na Universidade da Califórnia do Sul, dividiram em duas partes o TCP e acrescentaram um protocolo intrarrede (IP), gerando o padrão que até hoje é utilizado na internet, o protocolo TCP/IP[11].

Protocolos: base para o controle da internet
Nessa perspectiva, a obra *Protocol: how control exists after decentralization*, de Alexander Galloway (2004), trata de três fatores: um diagrama, representado por uma rede distribuída; uma tecnologia, uma máquina computacional descrita de forma lógica; e

um estilo de gestão, o protocolo. No livro, o autor defende que a internet não é caótica, mas extremamente controlada.

Galloway argumenta que diversos autores discordam de tal pressuposto por uma contradição presente entre duas máquinas que formam a base do protocolo. Enquanto "uma máquina radicalmente distribui controle entre locais autônomos, a outra concentra-o em uma hierarquia rigidamente definida. A tensão entre essas duas máquinas – uma tensão dialética – cria um clima favorável para o controle protocológico" (2004, p. 8, tradução nossa).

Ainda segundo o autor, a ideia de que a rede é incontrolável é transmitida principalmente pelos protocolos TCP/IP, caracterizados pela primeira máquina. Esses protocolos estabelecem, em conjunto, conexões entre computadores, permitindo a transmissão eficaz de pacotes de dados por meio da rede. A maneira como o sistema foi projetado, portanto, resulta em uma ausência de hierarquia, já que qualquer computador pode ter contato com outro ao utilizar-se da rede, conhecida como relação *peer-to-peer* (entre pares).

Em contraposição, a segunda máquina (DNS), um imenso banco de dados que concentra uma hierarquia rígida e mapeia endereços de redes, é responsável pelo procedimento necessário para quase todas as transações nesse ambiente. Cita-se como exemplo o fato de que:

> [...] para visitar "www.rhizome.org" na internet, um computador deve, em primeiro lugar, traduzir "www.rhizome.org", o nome em si geograficamente vago, em um endereço específico na rede física. Esses endereços específicos são chamados de endereço IP e escritos como uma série de quatro números como: 206.252.131.211. (Galloway, 2004, p. 8-9, tradução nossa)

O autor justifica sua ideia de controle ao identificar que a informação segue uma hierarquia, como a estrutura de uma árvore invertida, ou seja, quase todo o tráfego da web precisa passar por uma estrutura hierárquica, para só então ter acesso a uma estrutura radicalmente horizontal. No topo da árvore estão diversos servidores "raiz", que seguram o controle final e delegam menor controle para galhos mais baixos na hierarquia. Portanto, cada ramo da árvore invertida tem total controle sobre tudo que está abaixo dele. Como exemplo, pode-se afirmar que

> há mais de uma dúzia de servidores "raiz" localizados em todo o mundo, como o Japão e a Europa, assim como em vários locais dos Estados Unidos. Para seguir os ramos de controle, precisa-se analisar o endereço em sentido inverso, começando com o domínio de nível superior, no caso, "org". Primeiro, o servidor "raiz" recebe uma solicitação do usuário e o direciona para outra máquina, que tem a autoridade sobre o domínio "org", que, por sua vez, direciona o usuário para outra máquina que possui autoridade sobre a subseção "rhizome", que, por sua vez, retorna ao endereço IP para a máquina específica conhecida como www. (Galloway, 2004, p. 9, tradução nossa)

Tim Berners-Lee, o inventor da world wide web, define o sistema DNS como um calcanhar de aquiles centralizado, pelo qual a web pode ser controlada ou derrubada, uma vez que caso determinada autoridade de um país tivesse interesse em proibir a internet em seu território – por exemplo, em uma situação de manifestações coletivas –, por meio de simples alterações na informação contida nos servidores "raiz" do topo da árvore invertida, faria que o país desaparecesse da internet em menos de um dia.

Em janeiro de 2012, a prova desse controle foi verificada depois que o site Megaupload saiu do ar por denúncias de pirataria. A prática poderia se tornar frequente caso projetos de lei como Stop Online Piracy Act (Sopa) e Protect Intellectual Property Act (Pipa) fossem aprovados nos Estados Unidos, o que não deve acontecer em um curto prazo, segundo o autor do projeto, Lamar Smith – que retirou sua proposta até que se chegue a um consenso sobre o assunto. No caso de aprovação, qualquer site que fizesse menção a algum tipo de conteúdo protegido por direitos autorais poderia ser bloqueado. Diversos especialistas, como o próprio criador da web, acreditam que esse poderia ser o fim dos direitos democráticos universais e, em consequência, das redes sociais, já que seria impossível controlar a postagem, por exemplo, de um simples trecho de música ou livro em um universo que tem milhões de usuários, como Youtube, Facebook ou Twitter. Como forma de protesto, no dia 18 de janeiro de 2012, a Wikipédia, entre outras páginas com milhões de acessos diários na internet, fez greve, apresentando uma faixa preta e interrompendo seus serviços por 24 horas.

Diante dessas circunstâncias, ao retomar o detalhamento da importância do protocolo, Galloway (2004, p. 11-2, tradução nossa) menciona que

> [...] cada nó em uma rede distribuída pode estabelecer comunicação direta com outro nó, sem ter de apelar para um intermediário hierárquico. No entanto, para iniciar a comunicação, os dois nós devem falar a mesma língua. É por isso que o protocolo é importante. Os protocolos compartilhados definem o panorama de quem está conectado a quem na rede.

O surgimento do computador pessoal e a capacidade de acesso às redes

Os acontecimentos apresentados anteriormente, em conjunto com a influência do protocolo, ajudam a explicar o crescimento do número de usuários, mas vale ressaltar que outro fator contribuiu para que isso acontecesse. Ao retomar a cronologia dos fatos, de acordo com Manuel Castells (2003), é possível perceber que, em 1977, Ward Christensen e Randy Suess desenvolveram um programa batizado de Modem, que permitia a troca de arquivos entre máquinas computacionais. Um ano depois, surgia a interconexão de computadores pessoais por meio de um sistema de quadro de avisos, intitulado *Bulletin Board Systems* (BBS), que, com o auxílio de uma linha telefônica e um computador, possibilitava ao usuário externo conexão com dados internos de determinada empresa.

O "computador pessoal" foi criado pela IBM em 1981. Dois anos depois, em 1983, diante da preocupação com a segurança dos dados do Departamento de Defesa, foi criada a Milnet, rede independente para uso exclusivo dos militares. Assim, a Arpanet transformou-se em Arpa-Internet, dedicada exclusivamente à pesquisa. Um ano depois, uma rede própria de comunicação entre computadores, a NSFNET, foi criada pela National Science Foundation (NSF). Em 1988, essa rede começou a usar a Arpa-Internet como seu *backbone*, ou seja, como responsável pelas ligações centrais do sistema.

Em fevereiro de 1990, já considerada tecnologicamente obsoleta, a Arpanet foi fechada. E, como quase todos os computadores norte-americanos já tinham acesso às redes, diversos provedores, por interesses comerciais, iniciaram a montagem de redes próprias e desenvolveram portas próprias de comunicação.

Rafael Vergili

TIM BERNERS-LEE: EXPOENTE DA POPULARIZAÇÃO DA INTERNET

Em outubro de 1990, como destacam Asa Briggs e Peter Burke (2006), Timothy John Berners-Lee trabalhou mais intensamente no desenvolvimento do código da world wide web, também tratada nos dias de hoje como www. O projeto começou a surgir em 1980, enquanto Tim Berners-Lee – como ficou conhecido – trabalhava na European Organization for Nuclear Research (Cern) com o objetivo de possibilitar a criação, edição e navegação nas páginas de hipertexto.

Ao passar de algo restrito e com interface muito diferente da atual para um sistema de fácil utilização, a web ampliou sua visibilidade e adesão pública por meio dos protocolos HTTP[12] (*hypertext transfer protocol*) e HTML[13] (*hypertext markup language*).

Em 1993, o navegador Mosaic 1.0 foi lançado pela empresa Mosaic Communications, que depois passou a se chamar Netscape Communications. Em outubro de 1994, surgiu o primeiro navegador comercial, o Netscape Navigator. Diante do sucesso obtido, um ano depois, a Microsoft – com o *software* Windows 1995 e o navegador Internet Explorer – entrou no mercado da internet. Foi a partir desse fato que, no mesmo ano de 1995, por meio de ações do Ministério da Ciência e Tecnologia e do Ministério das Telecomunicações, conseguiu-se utilizar comercialmente a internet no Brasil.

O sistema permitiu extrema descentralização, incluindo o desenvolvimento e a popularização de tecnologias como blogues e redes sociais, em que qualquer um com acesso a um *browser* (programa de computador para acessar a rede) pode trocar informações.

PRESENTE E FUTURO: ENTENDIMENTO DA ARQUITETURA DA INTERNET E MOBILIDADE

No século XXI, ainda à sombra da internet – que continua em desenvolvimento –, iniciou-se a utilização das tecnologias de conexão móvel e sem fio, a chamada "internet móvel". Pode-se dizer que os dispositivos móveis terão cada vez mais utilidade para a difusão de informações. Mobilidade, especialização de conteúdo e instantaneidade serão fatores fundamentais para atender às necessidades dos consumidores.

Em resumo, portanto, pode-se dizer que a história da criação e do desenvolvimento da internet desde a montagem da Arpanet, na década de 1960, até a explosão da world wide web, na década de 1990, é uma aventura humana extraordinária em que muitas barreiras burocráticas foram superadas.

Ao contrário do que muitos pensam, a internet não teve origem no mundo dos negócios, já que, por se tratar de um projeto de custo muito elevado, seria uma iniciativa extremamente arriscada para ser assumida por empresas que querem o lucro a qualquer preço. Para Manuel Castells (2003, p. 19), a internet "nasceu da improvável interseção da *big science*, da pesquisa militar e da cultura libertária". Além disso, segundo o autor (*ibidem*, p. 28), "a abertura da arquitetura da internet foi a fonte de sua principal força: seu desenvolvimento autônomo, à medida que usuários tornaram-se produtores da tecnologia e artífices de toda a rede". Pode-se dizer que a internet cresceu, e continua a se desenvolver, diante de três condições:

> [...] primeiro, a arquitetura de interconexão deve ser ilimitada, descentralizada, distribuída e multidirecional em sua interatividade; segundo,

todos os protocolos de comunicação e suas implementações devem ser abertos, distribuídos e suscetíveis de modificação (embora os criadores de protocolos e implementações para redes conservem a propriedade de parte de seu *software*); terceiro, as instituições de governo da rede devem ser montadas em conformidade com os princípios, enraizados na internet, da abertura e da cooperação. (Castells, 2003, p. 29)

Durante a apresentação dessa trajetória histórica pela tecnologia, observou-se a importância dos antecedentes tecnológicos e do telégrafo para o desenvolvimento da internet. A capacidade de coexistência dos meios e as intencionalidades colocadas nos equipamentos, principalmente em um contexto de guerra, ajudam a entender muitos dos limites e possibilidades no uso de tecnologias no ambiente organizacional por parte de profissionais de relações públicas e, em consequência, por grandes empresas brasileiras.

REDES SOCIAIS: SEGMENTAÇÃO E COMUNICAÇÃO DIRETA

Como foi retratado anteriormente, e com mais detalhes por mim (2011a), a origem das redes sociais geralmente tem forte ligação com o ambiente acadêmico. Prova disso é que, antes mesmo do desenvolvimento da world wide web, foram estruturadas em universidades americanas as primeiras redes sociais. De acordo com Walter Teixeira Lima Junior (2010b), "[...] surgiram há cerca de 30 anos, com a criação da Usenet (Unix User Network), em 1979. Eram redes telemáticas utilizadas somente por iniciados na informática [...]".

Já a primeira rede social na web, segundo Danah Boyd e Nicole Ellison (2007), foi a SixDegrees.com, em 1997. Três anos depois, foi fechada por não ter se tornado um negócio sustentável, embora tivesse o propósito de permitir aos usuários criar perfis, listas de amigos e navegação por essas listas – este último serviço apenas a partir de 1998. A rede surgiu como uma junção dessas diversas funções e características preexistentes em sites de namoro, comunidades e mensageiros instantâneos como o ICQ.

Entre os anos de 1997 e 2001, diversas redes surgiram com conexões entre perfis pessoais, como AsianAvenue, BlackPlanet e MiGente, mas não tiveram tanta adesão dos usuários. Em 2001, foi lançada a Ryze.com, cuja proposta era formar uma rede de negócios focada em comunidades de tecnologia e membros de empresas. A Ryze não obteve popularidade massiva, mas contribuiu para o sucesso do LinkedIn, que surgiu em 2003 com uma proposta semelhante. No mesmo ano, foram criados o MySpace, que alcançou alto nível de popularidade nos Estados Unidos, e o Hi5, mais adotado na América do Sul. Ambos focavam o contato entre amigos, mas o primeiro obteve destaque, também, pela divulgação de músicas por diversos artistas. Além dessas, outras redes sociais se tornaram populares, principalmente em 2004, como Orkut, Facebook e Flickr, além do Ning e do YouTube, em 2005, e do Twitter, em 2006.

O último grande lançamento, o Google+, foi realizado no dia 28 de junho de 2011. Trata-se de uma rede, disponível em mais de 40 idiomas, que tem como diferencial a disponibilização de diversas ferramentas para tentar manter a privacidade do usuário. Permite, por exemplo, a separação de círculos de amizade entre ambiente profissional, familiar e acadêmico, entre outros. Além disso, possibilita atualizações de perfil, opções de compartilhamento de conteúdo, formação de grupos, álbuns de fotos integrados, divulgação de eventos, mecanismos de geolocalização, *chat* e videoconferência com múltiplos participantes (*hangouts*).

Com a popularização dessas redes sociais, cada vez mais fáceis de usar, o relacionamento interpessoal foi expandido para outros públicos. As empresas, ao tentar incorporá-las em suas estratégias, deparam com um novo desafio, o de superar sua própria estrutura, muitas vezes incompatível com a das redes, que não foram desenvolvidas para a inserção de perfis organizacionais. Para isso, recomenda-se aprofundar-se nas arquiteturas técnicas e sociais das redes empregadas, fazendo que o trabalho na web amplie a participação dos públicos, caracterizando uma nova economia cultural.

Assim, torna-se possível traçar um paralelo com um dos conceitos de Manuel Castells (2003): o de "economia da indústria da internet" ou "nova economia". Esta está estruturada em quatro camadas: a cultura tecnomeritocrática, a cultura *hacker*, a cultura comunitária virtual e a cultura empresarial.

A cultura tecnomeritocrática tem como valor supremo a descoberta e a excelência tecnológicas. A cultura *hacker* está intrinsecamente relacionada com esse panorama, pois é responsável pela criatividade e pelo desenvolvimento tecnológico baseados na abertura e na livre modificação de *softwares*. Trata-se, assim, de uma cultura de criatividade intelectual fundada na liberdade, na cooperação, na reciprocidade e na informalidade, além de considerar o processo de desenvolvimento do movimento da fonte aberta uma extensão do movimento original do *software* gratuito.

Parte daí a importância da cultura comunitária virtual, que originalmente estava associada à contracultura e, em função da expansão – em tamanho e alcance – das comunidades virtuais, foi enfraquecida. A fonte comunitária passou, portanto, a se caracterizar pela colaboração, com o objetivo de reinventar a sociedade por meio de uma comunicação horizontal e de uma nova forma de livre expressão.

Por fim, ressalta-se a cultura empresarial ou cultura do dinheiro, formada por empresários dispostos a arriscar capital e movimentar a nova economia – a economia da indústria da internet, cujo cerne está na inovação, no risco, nas expectativas e na esperança no futuro. Essa nova economia pode ser caracterizada pelo aumento da produtividade do trabalho, pela maior competitividade das empresas e pela ampliação dos lucros em decorrência da inovação, que gera diminuição de custos de produção e redução de erros. Uma sociedade em que as práticas das empresas, nos processos de produção, administração e relação com fornecedores e compradores, têm sido transformadas devido à expansão do uso da web.

De acordo com Augusto de Franco (2008b), a dificuldade de compreender a estrutura citada e as redes por parte das empresas, junto com as limitações de atividades eficazes em ambientes centralizados, pode provocar desilusão prematura em organizações que tenham o objetivo de ampliar seu poder de maneira instantânea ao participarem dessa nova realidade. Pode-se dizer que essa frustração ocorre principalmente devido ao desejo equivocado de obter poder em redes sociais distribuídas.

E ainda, segundo Walter Teixeira Lima Junior (2009, p. 170), porque determinados consultores ou gurus, "em função de vender os seus serviços e produtos [...] apontam possibilidades não compatíveis com o escopo tecnológico da plataforma e extrapolam os possíveis resultados. Ou seja, vendem tudo isso, mas, com o passar do tempo, não conseguem entregar o prometido".

Além disso, pesa o fato de que, apesar do constante aumento no uso da web, a plenitude da participação interpessoal está longe de ser alcançada. Segundo Jakob Nielsen (2006), uma regra denominada 90-9-1 ainda é seguida pelos usuários. De acordo com o estudo do cientista da informação, na maioria das comunidades, 90% dos usuários apenas visualizam o conteúdo apresentado, 9% deles praticamente não se empenham em colaborar e apenas 1% é responsável por criar praticamente todo o conteúdo do ambiente.

Inseridos nesse contexto de compartilhamento de informações entre usuários estão os termos "comunidade virtual" e "redes sociais", frequentemente aplicados em outros formatos de conteúdo digital e caracterizando um novo espaço, a chamada mídia social. Para Raquel Recuero (2008), mídia social é uma "[...] ferramenta de comunicação que permite a emergência das redes sociais". Nessa conjuntura, "rede social é gente, é interação, é troca social. [...] Os nós da rede representam cada indivíduo e suas conexões, os laços sociais que compõem os grupos. Esses laços são ampliados, complexificados e modificados a cada nova pessoa que conhecemos e interagimos" (Recuero, 2009, p. 25).

Além da importância das pessoas, a intenção de grande parte dos desenvolvedores dessas redes está vinculada à ampliação de acesso a esses ambientes, não favorecendo, em princípio, a segmentação. Porém, segundo Danah Boyd e Nicole Ellison (2007), é frequente essa divisão por grupos, seja por idade, nacionalidade, nível educacional ou outra característica.

No cenário apresentado, acredita-se que a maioria das redes, como o Facebook, é escolhida para o contato entre empresas e públicos de interesse tanto para a comunicação assíncrona (fóruns, por exemplo, cujo espaçamento de tempo é mais elevado que a comunicação síncrona) quanto para a comunicação síncrona (*chats*, por exemplo, que ocorrem praticamente em "tempo real"), possibilitando, assim, a comunicação direta entre usuários e até mesmo entre empresas e públicos de interesse (*stakeholders*)[14].

2
Deontologia e novos desafios para as relações públicas

Este capítulo aborda o surgimento da atividade de relações públicas e sua evolução no mundo, além de obstáculos, premissas e definições de conceitos no Brasil, sob o prisma de diversos autores importantes da área.

Apresentam-se, também, o termo "deontologia" e sua aplicação em RP, assim como as habilidades e os procedimentos específicos utilizados pelo profissional de relações públicas para atingir a excelência no trabalho corporativo e no relacionamento entre organizações e públicos de interesse.

Em consequência, analisam-se a importância desse profissional na administração e no fortalecimento da reputação corporativa e a evolução dos métodos para medir resultados das ações de RP na perspectiva do relacionamento, além de questões relativas ao retorno de investimentos em comunicação (em inglês, *return on investment*, ROI) no ambiente web.

Acredita-se que os tópicos supracitados possam facilitar o entendimento da atividade de relações públicas e permitir a leitura de qualquer interessado na gestão de relacionamentos com os *stakeholders*.

Rafael Vergili

A DEONTOLOGIA DA PROFISSÃO E SUA APLICAÇÃO EM RELAÇÕES PÚBLICAS

Etimologicamente, o termo "deontologia" vem do grego *deóntos*, que significa "dever ser" ou "o que é necessário", somado a *logos*, que pode ser definido como discurso ou teoria. Ou seja, tratar-se-ia de uma ciência que pesquisa o conjunto de premissas, normas, direitos e deveres para o correto exercício de determinado grupo profissional, o tratado dos deveres.

Segundo Francisco José Castilhos Karam (2009, p. 91), o filósofo Jeremy Bentham foi identificado como o primeiro a utilizar a palavra "deontologia", que passou a ser definida como "o código moral das regras e procedimentos próprios a determinada categoria profissional". Dessa maneira, principalmente no que diz respeito às profissões da comunicação, como RP, "corresponderia ao conjunto de procedimentos considerados corretos, aconselháveis ou recomendáveis, desde a perspectiva ético-moral, no exercício da atividade". Na perspectiva filosófica, basicamente a deontologia seria responsável, portanto, por estabelecer a conduta diante de diversos momentos e circunstâncias.

Os códigos deontológicos foram estabelecidos pelas diversas categorias da área da comunicação logo depois da consolidação das profissões midiáticas no Brasil. Tais códigos podem ser considerados pilares que favorecem a construção da imagem de cada profissão diante da sociedade. Especificamente no caso da atividade de relações públicas, segundo Karam (2009, p. 91), os princípios "[...] estabelecem que não se devem divulgar informações enganosas ou falsas e tampouco admitir práticas que comprometam a integridade dos canais de comunicação ou o exercício da profissão".

Fica claro que ter um comportamento ético é fundamental na vida privada, social ou profissional, mas, ao lidar com diferentes públicos, o relações-públicas precisa tomar muito cuidado para não influenciar – com ações ou opiniões – negativamente a opinião pública e, por conseguinte, prejudicar a imagem da organização.

Diante do contexto apresentado, há duas vertentes, até certo ponto atreladas, para definir a deontologia da profissão. A primeira vinculada à ética e a segunda com tendência mais pragmática. Opta-se, neste trabalho, pela segunda alternativa, que tem como foco um conjunto de normas, direitos, deveres, posturas e procedimentos para exercer adequadamente a profissão. A análise, no entanto, é realizada diante de uma conjuntura diferente da origem da atividade de relações públicas, quando a web ainda não havia sido desenvolvida.

A ININTERRUPTA CONSTRUÇÃO DAS RELAÇÕES PÚBLICAS: DA ORIGEM NORTE-AMERICANA À REALIDADE BRASILEIRA

A essência das relações públicas é constituída por todas as relações que têm sentido social e tornam-se públicas. Por esse motivo, alguns pensadores acreditam que a profissão existe desde os primórdios da humanidade, quando os primeiros grupos humanos começaram a ter relações interpessoais e instaurar suas regras de convivência.

Todavia, diversos fatos marcaram a trajetória histórica das relações públicas como área profissional – de sua origem norte-americana à realidade que se identifica nos dias de hoje no Brasil.

**O DESENVOLVIMENTO DE RP
EM UM CONTEXTO DE GUERRA: TRANSFORMAÇÕES,
FORTALECIMENTO E CONSOLIDAÇÃO DA ATIVIDADE**

A pesquisadora Hebe Wey (1986) indica que a atividade de relações públicas teve realmente início após a Guerra de Secessão norte-americana, ocorrida entre 1861 e 1865 e caracterizada pela disputa entre estados do Norte – compostos por grupos de capitalistas industriais, estruturados e a favor do trabalho assalariado – e estados do Sul – constituídos por aristocratas da área rural que defendiam a escravidão. O confronto foi vencido pelos estados do Norte, e instaurou-se uma grande mudança econômica em que o lucro e o acúmulo de bens materiais eram incentivados de maneira infindável – fato que mais tarde possibilitou que os norte-americanos chegassem à condição de potência mundial.

Nas décadas seguintes, de 1875 a 1900, os Estados Unidos registraram rápido crescimento. E, durante esse período, em 1882, aconteceu um importante fato para o início da profissão de relações públicas: o empresário do segmento das estradas de ferro William Henry Vanderbilt, em entrevista sobre o interesse da população por um trem que ligaria as cidades de Nova York e Chicago, mencionou aos jornalistas a infame e polêmica sentença: "O público que se dane". A declaração gerou greves de colaboradores; regulamentações, leis e normas para garantir os interesses da sociedade, o que acarretou maior poder para o Estado; e a primeira grande atitude da empresa para tentar contornar a situação de prejuízo de imagem criada por Vanderbilt.

Em 1906, mais de duas décadas depois da infeliz declaração de Vanderbilt, notou-se outro grande marco da profissão, quando Ivy Ledbetter Lee – considerado um dos precursores das relações públicas praticadas atualmente – cunhou a frase "O público deve ser informado". De acordo com Hebe Wey (1986, p. 31), a partir de 1906, ao ser contratado para assessorar a indústria de carvão mineral, Ivy Lee redigiu e enviou o seguinte documento para todos os jornais norte-americanos:

Este não é um serviço de imprensa secreto. Todo o nosso trabalho é feito às claras. Nós pretendemos fazer a divulgação de notícias. Isto não é um agenciamento de anúncios. Se acharem que o nosso assunto ficaria melhor na seção comercial, não o usem. Nosso assunto é exato. [...] detalhes, sobre qualquer questão serão dados prontamente e qualquer diretor de jornal interessado será auxiliado, com o maior prazer, na verificação direta de qualquer declaração de fato. Em resumo, nosso plano é divulgar prontamente, para o bem das empresas e das instituições públicas, com absoluta franqueza, à imprensa e ao público dos Estados Unidos, informações relativas a assuntos de valor e de interesse para o público.

Assim, segundo Joseph Straubhaar, Robert LaRose e Lucinda Davenport (2010), ao propor às empresas a divulgação de decisões, positivas ou negativas, com precisão, para facilitar o entendimento público dos fatos, Ivy Lee conseguiu, em diversas oportunidades, aprimorar a imagem e a reputação de seus clientes perante a opinião pública, o que permitiu que ele obtivesse destaque, inclusive, como consultor pessoal de diversos magnatas norte-americanos, entre eles John Davison Rockefeller Jr.

O clássico caso protagonizado por Rockefeller ocorreu em abril de 1914, no Colorado (EUA), e ficou conhecido como o Massacre de Ludlow. Depois de mais de nove mil mineiros tentarem se agrupar, ainda no ano anterior, para protestar contra as precárias condições de trabalho e vida dos colaboradores, o empresário teria convocado uma milícia privada para atear fogo nas barracas de famílias, matando mais de 20 pessoas – sendo 11 crianças, duas mulheres e mais de sete mineiros. Depois do episódio, Rockefeller passou a ser visto por boa parte da população como um homem disposto a fazer qualquer coisa para acabar com organizações menores e conseguir o monopólio em seus ramos de atividade.

Com esse enorme desgaste no nome da família, Ivy Lee foi procurado para tentar reerguer a imagem do empresário. Foi sugerido a Rockefeller, inicialmente, visitar os campos para demonstrar preocupação com a qualidade de vida dos trabalhadores e obter destaque positivo na imprensa, muitas vezes por meio do envio de textos com informações de interesse público, veiculados gratuitamente em meios de comunicação (*release*), prática realizada com frequência por assessorias de imprensa nos dias de hoje. Lee também propôs aumentar os investimentos na Fundação Rockefeller, com o objetivo de ajudar diversos países na aplicação de medidas sanitárias para cuidar de doenças como a febre amarela e a malária.

Posteriormente, já com a imagem menos arranhada, foram incentivadas divulgações relativas às suas obras de caridade. Durante a Primeira Guerra Mundial, por exemplo, seus esforços em conjunto com a Cruz Vermelha para o recrutamento de milhares de voluntários e o levantamento de 400 milhões de dólares renderam elogios e retorno de imagem para John Rockefeller. Com tais iniciativas, John Davison Rockefeller Jr., antes encarado como explorador de colaboradores, passou a ser conhecido como um expoente da filantropia e, consequentemente, como um dos mais bem-sucedidos empresários dos Estados Unidos.

Ainda no período da Primeira Guerra Mundial, que aconteceu entre 1914 e 1918, estudiosos como Walter Lippmann, John Dewey e Harold Lasswell ampliaram as discussões sobre a opinião pública, e a atividade solidificou-se ainda mais.

Edward Louis Bernays[15], que compete pelo posto máximo de "pai das relações públicas" com Ivy Lee, teve papel importante nesse contexto de guerra, destacando as funções de RP ao integrar o Comitê de Informação Pública dos Estados Unidos, também conhecido como Comitê Creel, devido ao nome do jornalista investigativo, político e líder George Creel – responsável por tentar influenciar a opinião pública e obter o apoio público à guerra por meio de fotografias, charges e filmes, entre outras opções midiáticas.

Nesse período, pessoas de classes sociais diferentes não conseguiam chegar a um entendimento sobre assuntos de interesse público. Assim, funcionários de empresas eram encarregados de identificar a opinião das pessoas e intermediar os interesses entre a organização e a população. Começa, então, a se destacar a importância das relações públicas para as empresas.

Austríaco radicado nos Estados Unidos, Edward Bernays é considerado o primeiro a publicar um livro sobre opinião pública e envolver a temática de RP. A obra *Crystallizing public opinion* [Cristalizando a opinião pública], publicada em 1923, tentou externar alguns métodos para influenciar e mobilizar de maneira sistemática as percepções e atitudes dos públicos. Bernays cunhou o termo "conselho de relações públicas" e, ainda em 1923, foi pioneiro ao lecionar uma disciplina sobre RP na Universidade de Nova York.

Pouco tempo depois, ocorreu a crise de 1929, que causou grande depressão econômica nos Estados Unidos e, por consequência, em diversos outros países. Tal fato exigiu, mais uma vez, os serviços de RP, quando Franklin Delano Roosevelt, então presidente dos Estados Unidos, sentiu a necessidade de explicar à população a situação que o país vivia e dar início ao *New Deal*. Esse novo acordo – que teve inspiração no pensamento do economista inglês John Keynes – buscava recuperar a economia mundial por meio de intervenção estatal. Até mesmo transmissões radiofônicas semanais e filmes foram utilizados pelo governo para que o entendimento da situação fosse facilitado.

O início do amadurecimento mundial de RP começou a ocorrer, porém, nas décadas de 1930 e 1940, com a formação de diversas organizações que representavam o interesse de seus profissionais e a criação de cursos de Relações Públicas nas universidades de Illinois e de Boston. Ainda no âmbito acadêmico, surge em 1940 o primeiro curso com quatro anos de duração, na Universidade de Stanford. Sete anos depois, segundo Hebe Wey (1986), a primeira faculdade de Relações Públicas foi fundada na Universidade de Boston.

No ano seguinte, em 1948, formou-se a principal instituição representativa da atividade, a Public Relations Society of America (PRSA). Com mais de 20 mil membros nos Estados Unidos, constituiu a maior associação de membros de relações públicas do mundo. Com a PRSA surgiram diversas obrigações e responsabilidades que nortearam a conduta ética e socialmente responsável dos profissionais de RP.

A trajetória histórica da profissão no Brasil e discussões sobre o conceito de relações públicas podem ser visualizadas com mais detalhes em minha dissertação de mestrado (2012). Apenas como referência para leitores menos habituados ao campo, além das diferentes abordagens que podem ser adotadas, utiliza-se uma frase de Carlos Eduardo Mestieri (2004, p. 15) para sintetizar as relações públicas como "a arte de harmonizar as expectativas entre uma organização e seus diversos públicos".

PÚBLICOS: CONCEITOS E APLICAÇÕES ÀS RELAÇÕES PÚBLICAS

Diante do conceito supracitado, o entendimento da definição de públicos torna-se imprescindível para o presente livro, principalmente porque eles são essenciais para a sobrevivência e o crescimento de uma empresa. Fernanda Barcellos (1984, p. 47), por exemplo, pontua que "uma empresa sem público não vive. Não lhe bastam instalações, maquinaria, funcionários, capital – se não tiver público que compre, alugue, procure, difunda, fale, ela morre no nascedouro". Fábio França (2008, p. 96-7) corrobora essa citação ao afirmar que:

> Os públicos existem independentemente da vontade da empresa. Queira ou não, por conta de sua própria atuação na sociedade, a organização interfere no contexto social, nas comunidades e nos mercados onde está presente e depende dos públicos para obter sucesso em suas operações. Ao mesmo tempo, sofre pressões de todos os setores sociais que podem ser classificados como seus públicos.

Portanto, é possível dizer, ainda na perspectiva de Barcellos (1984, p. 47), que "só tem valor aquela [organização] que vive impregnada da filosofia da necessidade de troca de serviços entre público e empresa".

Mas o que seriam os públicos? De acordo com Cândido Teobaldo de Souza Andrade (1993, p. 13): "O conceito de público difere, enormemente, daquele que comumente se encontra. Não se trata de um simples agrupamento de pessoas voltadas para um acontecimento, tomando parte nele ou não". O público tem, na realidade, suas características determinadas por:

> [...] presença de uma controvérsia, a oportunidade de discussão e o aparecimento de uma decisão ou opinião coletivas [...]. Em outras palavras, público são pessoas ou grupos organizados de pessoas [...], sem dependência de contatos físicos, encarando uma controvérsia, com ideias divididas quanto à solução ou medidas a serem tomadas frente a ela; com oportunidade para discuti-la, acompanhando e participando do debate por intermédio dos veículos de comunicação ou de interação pessoal. (ibidem, p. 13-4)

Na perspectiva de RP, apesar de algumas tentativas de conceituação, o termo "público" quase sempre deve ser empregado no plural, já que diversos tipos de influência podem ser exercidos sobre uma empresa. Assim, segundo Joseph Straubhaar, Robert LaRose e Lucinda Davenport (2010, p. 315, tradução nossa), "quando os profissionais de relações públicas falam de 'públicos', referem-se ao público com que se comunicam em seu trabalho diário".

Para atingir a excelência nesse tipo de serviço, portanto, o profissional de RP deve fazer um mapeamento do perfil de cada um dos públicos com necessidade de relacionamento[16]. Somente com essa listagem – que pode ser extensa, dependendo dos interesses da organização – torna-se possível desenvolver mensagens personalizadas para cada público específico, solucionando suas exigências.

Ou seja, ao aplicar-se o conceito às relações públicas – que têm como propósito de estudo os públicos da organização –, cabe ao profissional da atividade, segundo Margarida Maria Krohling Kunsch (2003, p. 166), "[...] administrar estrategicamente a comunicação das organizações com seus públicos, atuando não de forma isolada, mas em perfeita sinergia com todas as modalidades comunicacionais". Dessa maneira, o relações-públicas servirá, de acordo com Fábio França (2008, p. 51), "[...] não apenas para resolver a controvérsia e chegar a decisões de consenso, mas para a celebração de contratos firmes e de parcerias operacionais estáveis com claros objetivos mercadológicos e institucionais".

O QUE SÃO *STAKEHOLDERS*?

A contextualização dos públicos que influenciam uma organização e são por ela influenciados, exposta no tópico anterior, serve como base para o detalhamento dos públicos de interesse de uma empresa, os *stakeholders*[17].

Tal necessidade surge da constatação de que, segundo Fábio França (2008, p. 28), "a tradicional divisão dos públicos (interno, externo e misto) não atende mais às necessidades de equacionar as relações da organização com os diferentes grupos com os quais interage [...]".

É necessário esclarecer, inicialmente, que os *stakeholders* não devem ser entendidos como qualquer tipo de público, porque não se subdividem e, além disso, participam das decisões das organizações. Também não podem ser caracterizados como "todos os públicos da empresa" porque se trata de públicos de interesse[18], que afetam a organização ou são afetados por ela.

Nesse contexto, Robert Edward Freeman e David Reed (1983) entendem que os *stakeholders* são grupos ou indivíduos que fornecem suporte e, além de ser afetados pelas organizações, têm forte influência – que pode ser medida e classificada por meio de avaliação detalhada do segmento de atuação da empresa – nelas.

Além dos acionistas (*stockholders*) – palavra que, em inglês, deu origem ao termo *stakeholders* –, Waldyr Gutierrez Fortes (2003, p. 82-3) indica que os públicos de interesse podem abranger:

> [...] empregados, empregados em potencial e ex-empregados, sindicatos, fornecedores, intermediários, poderes públicos, comunidade, ONGs, fábricas, escritórios e varejo da vizinhança, líderes comunitários, ecologistas e grupos de interesse ambiental, mídia de negócios, associações industriais, comerciais e profissionais, instituições educacionais, parceiros e concorrentes dos produtos e serviços da companhia.

Sabendo que influenciam diretamente os resultados das empresas, os públicos supracitados exigem posturas éticas, além de cobrar informações sobre serviços, resultados e lucros das organizações. E nesse ponto, com a utilização cada vez mais frequente da web – tanto por parte das empresas[19] quanto do público –, surge mais um ambiente para atender os *stakeholders* que desejem ser informados sobre algum assunto de interesse.

Segundo Jim Macnamara (2010), a web possibilitou expandir as formas de relacionamento e aplicar novas técnicas – e não apenas utilizar tecnologias inovadoras – para envolver os públicos de uma empresa.

Caso a organização não esteja preparada para o contato com os *stakeholders*, esse novo tipo de interação pode representar uma ameaça à lucratividade e à reputação da empresa. Por outro lado, se esse contato for realizado de forma adequada, possibilitará a colaboração e o engajamento dos públicos por meio de um relacionamento mais forte e baseado na reciprocidade, como poderá ser observado no próximo tópico.

RELACIONAMENTO ENTRE EMPRESAS E PÚBLICOS DE INTERESSE

Como vimos, as organizações dependem das partes interessadas para obter sucesso e se fortalecer no mercado. Na perspectiva do relacionamento, de acordo com Fábio França (2008, p. 59), pode-se dizer que "a relação com os públicos é considerada da maior importância: são eles que constroem a imagem da empresa e de sua marca e a empresa depende deles para sobreviver. São essenciais no desenvolvimento de toda a estratégia operacional".

Ainda segundo o autor, para avaliar o nível de interdependência – nas perspectivas de intensidade e níveis de relacionamento –

entre organizações e públicos, devem ser levadas em consideração dez afirmações:

1. As empresas dependem essencialmente de alguns públicos para a constituição e implantação de seu negócio.
2. Há outros públicos sem os quais a empresa não pode viabilizar suas atividades e seus negócios.
3. O nível de interdependência da empresa em relação a seus públicos é maior ou menor, de acordo com o grau de envolvimento e participação desses públicos nos seus negócios.
4. Há públicos que estão envolvidos com a empresa, mas não são imprescindíveis para o desenvolvimento de seus negócios, porém contribuem de forma profissional para que ela atinja com mais eficácia seus objetivos.
5. O objetivo da empresa no relacionamento com seus públicos é realizar negócios.
6. Ao se relacionar com seus públicos, a empresa visa também encontrar caminhos de sobrevivência de sua operação no mercado.
7. No seu relacionamento com os públicos, as empresas pretendem ainda obter a aprovação da opinião pública para legitimar suas atividades e negócios.
8. Há públicos que impedem a criação e a implantação do negócio.
9. Alguns públicos contribuem de modo viral para a viabilização da empresa e de seus negócios.
10. Há públicos que contribuem apenas de forma profissional qualificada para ajudar a reforçar e legitimar a ação da empresa no mercado. (França, 2008, p. 60-1)

Diante dessa perspectiva, pode-se dizer que profissionais de RP, inseridos em organizações, têm o objetivo de prover informações apuradas e verdadeiras, além de tentar manter o diálogo para estabelecer relacionamentos contínuos com os públicos de interesse das empresas. Tais atividades podem gerar resultados positivos para as organizações, tanto financeiramente quanto do ponto de vista da reputação.

Jim Macnamara (2010) relata, nesse sentido, que a base para o sucesso de empresas são os relacionamentos que elas têm com seus públicos de interesse. Isso porque problemas – que inevitavelmente surgirão com algum tipo de produto vendido ou serviço prestado – serão resolvidos com mais facilidade no caso de a empresa ter relações positivas, com reciprocidade e diálogo contínuo.

Assim, fica claro que a sinergia entre colaboradores de uma empresa e seus públicos de interesse é fundamental, já que são estes que, muitas vezes, definem estratégias realizadas pelas organizações e sofrem o impacto de suas ações. E é exatamente nesse ponto que o relações-públicas ganha importância, uma vez que tem o papel de estreitar relacionamentos e aumentar a credibilidade entre as partes envolvidas, equilibrando os interesses.

Atualmente, o profissional de relações públicas tem capacitação suficiente para gerir relacionamentos que beneficiem tanto as organizações quanto os públicos essenciais à sua sobrevivência, e não mais apenas o público interno das empresas. Porém, é preciso lembrar que a realidade não foi sempre essa. Além de algumas dificuldades históricas encontradas pela atividade, outro fator pode ter deixado de fazer que o relações-públicas fosse considerado, por um longo período, o mais adequado para relações cordiais com diversos públicos das organizações.

Para Fábio França (2008, p. 69), o enfoque no tratamento de ações internas, por muitos anos, "prejudicou o conceito da profissão, que passou a interagir com prioridade junto aos empregados, produzindo veículos de comunicação, reuniões internas e eventos". E complementa: "Esse paradigma é ultrapassado".

Em uma nova realidade, os profissionais de relações públicas devem voltar-se cada vez mais para os "públicos externos", conduzindo relacionamentos que possibilitem a compreensão mútua entre as organizações e a sociedade em geral, não se restringindo à mídia ou ao público interno. É necessário instaurar diretrizes duradouras, ligadas à identidade corporativa, que possibilitem a constante interação bem-sucedida com os múltiplos públicos de uma empresa – enfoque esse que poderá ser observado nos próximos tópicos.

A INFLUÊNCIA DO PROFISSIONAL DE RP NO GERENCIAMENTO DA REPUTAÇÃO DAS EMPRESAS

A identidade corporativa[20], baseada nos princípios organizacionais, é responsável por um processo adequado de formação de imagem e reputação de uma empresa. Porém, apesar de questões inextricavelmente ligadas[21], antes de avaliar a importância do profissional de relações públicas nas relações promovidas pelas redes sociais é fundamental distinguir imagem de reputação.

Diante disso, para Fábio França (2010a, p. 654-5), é possível afirmar que a imagem é uma "representação de qualidades percebidas na organização. [...] podem ser rememoradas, associadas, e formar novas imagens. A imagem é o que se percebe [...] e não aquilo que se quer projetar". E complementa:

> É facilmente esquecida como a imagem de um espelho. Forma-se muito mais por operações conotativas do que denotativas da organização. É

uma percepção facilmente mutável, podendo ser "velada" como numa fotografia, gerando descrédito para a organização. Não representa um conceito nem se iguala à reputação, que traz em si elementos capazes de emitir um juízo de valor sobre a organização.

Ampliando o conceito, é possível dizer, segundo Paul Argenti (2006, p. 97), que a reputação é algo mais duradouro, que "[...] se diferencia de imagem por ser construída ao longo do tempo e por não ser simplesmente uma percepção em um determinado período". Além disso, para Fábio França (2010b, p. 1074), a reputação poderia ser entendida como um "conjunto de atribuições favoráveis dado a uma organização pela sociedade ou públicos segmentados, considerando-a idônea, [...] ética e digna de crédito no desempenho de suas atividades".

No contexto apresentado, a organização pode ter diversas imagens, dependendo das experiências e ideias presentes em cada segmento da sociedade. Por isso, o foco desta obra não recai na análise de imagem corporativa, mas no conceito de reputação, pois este exige mais esforço de relacionamento contínuo para sua formação e vantagem competitiva[22] perante outras empresas do mesmo segmento de atuação.

OS DESAFIOS DE ADMINISTRAR A REPUTAÇÃO DAS EMPRESAS NA WEB

Com base no contexto apresentado no tópico anterior, por envolver trajetória, princípios organizacionais, seriedade de administração, qualidade de produtos e serviços, entre outras características da organização, fica claro que o fortalecimento da reputação positiva de uma empresa pode oferecer vantagens competitivas no mercado, principalmente em decorrência da impossibilidade de ser copiada por concorrentes.

A gestão da reputação, nos dias de hoje, requer ampla abordagem para o monitoramento de mídia, sem que a marca seja encarada apenas do prisma dos veículos de informação tradicionais e da perspectiva do controle dado pela publicidade. Não participar da web, ou utilizá-la de maneira equivocada, pode representar graves danos à reputação corporativa. Isso ocorre, na visão de Joseph Straubhaar, Robert LaRose e Lucinda Davenport (2010, p. 310, tradução nossa), porque "blogs, tweets e outras mídias sociais podem espalhar notícias, rumores, ataques e opiniões tão rápido que exigem uma reação imediata quase impossível para profissionais de RP". Ou seja, como complementa Fábio França (2010b, p. 1074), atualmente "os conflitos ligados a reputação são ainda mais graves devido à possibilidade de imediata divulgação de qualquer deslize cometido por organizações no mundo inteiro [por meio de redes sociais]".

A função de gerir a reputação das empresas começou a ganhar ainda mais destaque com as novas formas de interação propiciadas pela web. As métricas específicas – que levam em consideração, entre outros critérios, engajamento, influência, alcance e interatividade – para essa mensuração envolvem geralmente os públicos que tiveram contato direto com o objeto de estudo. Caracterizaram-se, portanto, por uma média das informações (opiniões e avaliações sobre produtos e serviços, por exemplo) recolhidas de todos os usuários que já interagiram diretamente[23] com a organização em algum momento de sua existência.

Nesse caso, se uma empresa tem alguma atitude equivocada, as estatísticas de reputação devem cair rapidamente e só um realinhamento das estratégias corporativas pode fazer a organização se recuperar. Diante desse cenário, Joseph Straubhaar, Robert LaRose e Lucinda Davenport (2010, p. 310, tradução nossa) ressaltam a importância de realizar o monitoramento periódico da web e citam como exemplo um caso da Amazon:

> [...] em abril de 2009, usuários de mídias sociais postaram milhares de mensagens em um fim de semana, reclamando que a Amazon.com havia retirado livros gays e lésbicos de suas listas e *rankings* de pesquisa de vendas. A Amazon finalmente respondeu, na segunda-feira, que houve uma "falha". Críticos afirmaram que a Amazon reagiu de maneira demasiadamente lenta [...]. Argumentaram que, mesmo que não tivesse uma boa resposta, a empresa deveria ter ao menos respondido que estava analisando a situação. Além de monitorar melhor as mídias sociais, as empresas também precisam de diligência durante os fins de semana. O público nunca dorme.

DA PESQUISA DE REPUTAÇÃO AO MONITORAMENTO NA WEB

Diante do panorama exposto e da importância do monitoramento dos públicos, discussões infindáveis ocorrem acerca da melhor maneira de medir a reputação de uma pessoa ou organização. É necessário destacar, segundo Luiz Carlos Assis Iasbeck (2007, p. 95), a inevitabilidade de criar e manter instrumentos para aferir a reputação, "pelo fato de ser esta a condição essencial para que uma organização – seja pública, seja privada – possa dispor de mecanismos eficazes de administração de sua identidade".

De acordo com Elisabeth Barbieri Lerner e Eliane Pereira Zamith Brito (2007), a pesquisa sobre a reputação de empresas tem origem nas críticas de diversos autores sobre o conceito de imagem, que era caracterizada, por muitos, como manipulação ou falsa construção da realidade da empresa. Segundo Cristina Panella (2007, p. 283), "o reconhecimento do trabalho de profissionais da comunicação sempre sofreu com a ausência de instrumentos ou sistemas reconhecidos e generalizáveis que permitissem ao mesmo tempo adequar-se à sua especificidade e dar conta de seus impactos". Nesse sentido, para Joseph Straubhaar, Robert LaRose e Lucinda Davenport (2010), a pesquisa de opinião pública foi fundamental para identificar as atitudes dos públicos e das empresas a fim de que os objetivos de comunicação fossem alcançados.

Em um novo cenário, composto pelas redes sociais, acredita-se aprimorar a mensuração de resultados e, consequentemente, alcançar uma estimativa de reputação adquirida, definida principalmente pelo que ficou conhecido como Retorno de Investimento em Comunicação (*return on investment*, ou ROI). De acordo com Mitsuru Higuchi Yanaze, Otávio Freire e Diego Senise (2010, p. 217-8), apesar da nomenclatura, "[...] 'mensuração de retorno de investimentos em comunicação' não se trata tão somente de apurar o 'dinheiro' que retorna, ou seja, não pode ser encarada pelo seu lado meramente monetário, e de curto prazo".

Ou seja, apesar de tratar de "metas quantificáveis", o investimento não envolve apenas os recursos financeiros ou valores monetários para viabilizar estratégias das empresas, mas a soma dos esforços – recursos humanos, intelectuais, materiais, tecnológicos, de tempo, de influências, entre outros – para atingir um objetivo corporativo.

Assim, principalmente com o auxílio da web, pode-se aplicar, com diversos critérios e métodos específicos, a mensuração de resultados de: relacionamento com a imprensa; eventos; comunicação institucional; comunicação interna; imagem e reputação corporativa; e relações públicas.

No campo de RP – o de maior importância para este livro – consegue-se analisar, por meio da web, a distribuição das mensagens aos públicos de interesse, por exemplo, de acordo com Mitsuru Higuchi Yanaze, Otávio Freire e Diego Senise (2010), com relatórios gerados por *softwares* que fornecem o percentual de cliques em determinado tipo de *link*, o horário de pico de acesso e o dispêndio de tempo do usuário em certa página ou texto[24]. Também é possível realizar o monitoramento de expressões e palavras-chave mencionadas em redes sociais ou portais de grande acesso, já com pré-avaliação de comentário positivo, negativo ou neutro, além de alertas em caso de tendência de críticas mais acentuada.

Essa última característica é de suma importância para prever algum tipo de crise ou ameaça à imagem e reputação da empresa, podendo ter seus valores aferidos por meio da análise de um cenário concorrencial, produto da interação entre cada público da organização. Para realizar essa análise de valores, posições e relações identificadas, é necessário selecionar uma amostra representativa e identificar os atributos mais salientes de imagem e reputação, além de seu grau de importância e satisfação por parte dos *stakeholders*.

Tais métodos de avaliação contribuem para fornecer subsídios ao relações-públicas, facilitando a análise de tendências, a obtenção de *feedback* dos públicos de interesse e, em consequência, a ampliação da eficácia de suas atividades. Isso se deve ao fato de as redes sociais facilitarem a coleta de dados por profissionais de RP, além de possibilitarem o acompanhamento de ações de membros pertencentes aos *stakeholders* das organizações.

Ou seja, pode-se afirmar que, para que o relacionamento entre empresas e seus públicos se dê com excelência por meio da web, o primeiro passo é monitorar o ambiente. De acordo com Jim Macnamara (2010), é cada vez mais importante que as organizações identifiquem o conteúdo que seus públicos estão trocando em salas de bate-papo, blogues e redes sociais. Com dados mais concretos sobre o ambiente analisado, os profissionais de relações públicas têm mais condições de orientar a gestão do relacionamento e, sem precisar utilizar-se de intuição, reformular estratégias.

Nessa conjuntura, com facilidades propiciadas pelos instrumentos adaptados à realidade de cada empresa, a avaliação constante de como a organização é vista por seus públicos de interesse ganha cada vez mais importância para nortear estratégias corporativas, analisar os possíveis riscos, traçar novos objetivos e, por conseguinte, auxiliar na tomada de decisão. É nesse momento que fica evidenciado o valor de um profissional responsável pela articulação de redes sociais[25], já que sem o compromisso e o interesse dos usuários do ambiente tornam-se inviáveis a continuidade e o sucesso da rede.

Ao considerar tais fatores e adotando a premissa de que parte da reputação das empresas é influenciada pela interação ocorrida na web, qual é o perfil do profissional que articula redes sociais para grandes empresas? Além disso, quais são as exigências de capacitação do profissional envolvido no relacionamento entre organizações e públicos de interesse nas redes sociais? Esses são alguns dos temas debatidos no próximo capítulo, com o apoio de duas pesquisas de campo.

3
A influência da tecnologia em RP: as maiores empresas do país e as exigências do mercado

Após a exposição do conceito de deontologia e de sua aplicação às relações públicas, são descritas a seguir duas pesquisas de campo (uma quantitativa e outra qualitativa), que fornecem subsídios, apresentam elementos para a análise do cenário atual e auxiliam a interpretação no cruzamento dos dados com diversas variáveis.

Ambas as pesquisas tiveram relação com o *ranking* das mil Melhores e Maiores empresas do Brasil divulgado pela revista *Exame* (2013), cujos principais critérios utilizados para definir a colocação das empresas participantes são, na ordem: vendas (em reais, em dólares e em porcentagem de crescimento), exportação, número de empregados e controle acionário.

Diante desse contexto mercadológico, percebe-se que, como toda área em expansão, a articulação de redes sociais vem sendo incorporada por diversas organizações. De acordo com dados da pesquisa da Deloitte (2010), grandes empresas têm interesse em utilizar ou monitorar as redes sociais.

Nesse sentido, a opção pela análise de organizações de grande porte deriva do fato de que, por terem maior faturamento anual, reúnem mais condições de contratar profissionais internos com dedicação exclusiva ou agências especializadas no segmento de redes sociais. Considera-se, portanto, que ao avaliar grandes empresas seria possível compreender melhor as exigências do mercado atual e, por conseguinte, identificar o modo como são conduzidos os relacionamentos entre organizações e públicos de interesse.

Assim, este capítulo apresentará uma pesquisa quantitativa e outra qualitativa, os procedimentos metodológicos adotados e os resultados obtidos, criando uma ponte para temas que serão abordados no quarto capítulo.

PESQUISA QUANTITATIVA

O crescimento constante do uso de redes sociais pelo mundo, como vimos no primeiro capítulo deste livro, incentivou que, nos últimos anos, empresas tentassem profissionalizar sua utilização, cada vez mais rapidamente, em busca de vantagens competitivas diante dos concorrentes, além de coletar opiniões de seus públicos de interesse. Prova disso é a participação oficial de grandes organizações na web, muitas delas presentes no *ranking Melhores e Maiores* da revista *Exame* (2013).

Surge daí a necessidade de observar, de maneira técnica, quem são os profissionais encarregados das ações comunicacionais em redes sociais para grandes empresas. Para isso, foi definida, em primeiro lugar, uma pesquisa quantitativa, descrita por Rosane Palacci dos Santos (2011, p. 94) como "uma metodologia de pesquisa que procura quantificar os dados e, geralmente, aplica alguma forma de análise estatística". Nesse sentido, os estudos de cunho quantitativo têm "seus métodos embasados em ciências cuja busca é a lógica irrefutável" (ibidem, p. 90).

Problema de pesquisa e objetivos

Após a escolha da metodologia de pesquisa utilizada (quantitativa), determinou-se como problema de pesquisa a definição do perfil do profissional que trabalha com redes sociais para grandes empresas.

Em seguida, definiu-se como objetivo geral traçar as características dos profissionais que articulam as redes de empresas de grande porte para saber como capacitar o RP mais adequadamente.

Além disso, foram estipulados objetivos específicos como: verificar se a articulação de redes sociais é realizada internamente pelas empresas ou de maneira terceirizada por agências; identificar a formação (habilitação) mais procurada por empresas que utilizam o ambiente web; definir quantos profissionais, em média, participam das atividades de um departamento desse segmento; e descobrir o objetivo principal das empresas ao usar a web.

Universo e coleta de dados

Para compor o universo da pesquisa, foram selecionadas as mil *Melhores e Maiores* empresas do Brasil, segundo *ranking* divulgado pela revista *Exame* (2013). Foram montados, então, quadros com todas as organizações e, em seguida, inseriu-se apenas o endereço do Twitter – e não de outras redes sociais – divulgado no site oficial de cada uma delas.

É preciso deixar claro, porém, que não se trata de um estudo especificamente sobre o Twitter. O *microblogging* foi utilizado como critério de análise porque, segundo pesquisa realizada pela empresa responsável pela segurança de redes Palo Alto Networks[26], o uso do Twitter cresceu 700% entre novembro de 2010 e dezembro de 2011 no ambiente corporativo. Além disso, destaca-se que:

> No caso do Twitter, forma de comunicação de extrema objetividade, as organizações podem estabelecer contato de caráter informativo e ágil com seus públicos de interesse, com notada baixa profundidade, mas elevado índice de participação e audiência com os públicos relacionados ao Twitter da organização, ou seja, com os públicos que a "seguem". (Paraventi, 2011, p. 208)

Das mil empresas consultadas, percebeu-se que 252 das maiores do país divulgam seu perfil no Twitter no site oficial[27], o que representa 25,2% do total. Em alguns casos, é até possível encontrar no buscador do Google perfis do Twitter da empresa, mas como seria difícil identificar se correspondem a contas falsas ou não, esses foram desconsiderados. Ou seja, se o *microblogging* não foi divulgado no site oficial, ou se não é utilizado em português, considerou-se que a empresa não tem perfil no Twitter ou que a organização não tem interesse em que o público tenha acesso irrestrito a esse tipo de contato.

Nesse contexto, a partir da relação das mil *Maiores e Melhores* empresas do Brasil, chegou-se a um universo de pesquisa formado por profissionais – internos ou terceirizados – que articulam as redes sociais e, em especial, ao perfil do Twitter das 252 grandes empresas com contas no *microblogging* divulgadas em seus sites oficiais.

Quanto à coleta de dados, foi utilizado um questionário estruturado *online* baseado em autopreenchimento, aplicado entre os dias 4 e 15 de novembro de 2012[28]. No intuito de obter respostas para os questionamentos e objetivos traçados anteriormente, foram enviados *tweets* às 252 organizações que se enquadravam no recorte determinado pela pesquisa.

Foram obtidas 128 respostas das empresas, o que representa 50,8% das organizações que receberam o questionário *online*. Acredita-se, nesse sentido, que o número de empresas participantes seja expressivo, principalmente na perspectiva exploratória, para apresentar uma visão geral do perfil do profissional responsável pelas redes sociais.

Resultados obtidos com a pesquisa quantitativa
Depois de tabuladas as informações fornecidas pelos 128 profissionais responsáveis pelas redes sociais das maiores empresas do Brasil que responderam ao questionário, foram montados gráficos individuais para cada uma das 13 seguintes questões de múltipla escolha aplicadas na pesquisa quantitativa: "1) Você articula redes sociais diretamente para a empresa detentora do nome oficial do Twitter ou presta serviço terceirizado?"; "2) Qual é o departamento/área responsável pelas atividades em redes sociais?"; "3) Quantos profissionais realizam a articulação de redes sociais na empresa ou agência em que você trabalha?"; "4) Qual é o principal objetivo indicado pela empresa detentora do Twitter com as ações realizadas nas redes sociais?"; "5) Quantos dos profissionais que trabalham com articulação de redes na empresa ou na agência são graduandos ou formados em Relações Públicas?"; "6) Você é estudante de graduação ou formado em Relações Públicas?"; "7) Se não é formando ou graduado em Relações Públicas, no que está fazendo graduação ou no que é formado?"; "8) Se não é formando ou graduado em Relações Públicas, tem formação complementar em RP?"; "9) Há quanto tempo é formado?"; "10)

Qual é a sua titulação?"; "11) Tem formação complementar em desenvolvimento web?"; "12) Sexo"; e "13) Idade".

Diante desse contexto e das respostas obtidas, percebe-se que a articulação de redes, em especial do Twitter, é realizada, em sua maioria (50,7%), internamente, por colaboradores que já trabalham na empresa. A diferença diante dos serviços prestados de maneira terceirizada (49,3%), todavia, é bastante reduzida, como vemos no Gráfico 1.

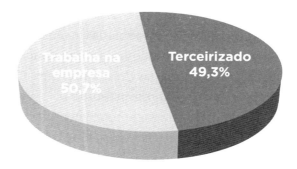

Gráfico 1: Colaboradores internos e terceirizados dividem articulação de redes sociais.

Ao analisar em conjunto colaboradores internos e terceirizados no que tange à responsabilidade por essas ações em redes sociais, identifica-se que a área de comunicação é soberana, com 42,1%. A área de marketing também ocupa lugar de destaque, com 32,5% das ações, seguida de um departamento específico para redes sociais, com 18,3%. Por fim, a articulação informal por parte de colaboradores é realizada por 7,1% (veja o Gráfico 2). As alternativas "Tecnologia da informação", "Relações públicas" e "Outro", sugeridas no questionário, não foram citadas em nenhuma oportunidade.

Apesar da separação indicada, ressalta-se que, de acordo com Luiz Alberto de Farias (2001), deve haver integração entre o conjunto de atividades realizadas por diversas áreas, evitando-se que sejam realizadas de maneira estanque. A pergunta do questionário, no entanto, objetivou descobrir, no cenário atual, a área ou departamento que tem mais afinidade com as redes sociais para o mercado – até porque, segundo Geert Lovink (2006), "as instituições relutam em trabalhar com estruturas sociais informais, porque [nesses casos] as responsabilidades parecem se diluir".

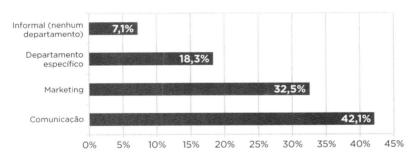

Gráfico 2: Área de comunicação lidera atividades em redes sociais.

No âmbito geral, esses departamentos e áreas têm no mínimo um profissional responsável pela articulação de redes e, no máximo, 11. Das 128 empresas que participaram da pesquisa, somam-se 472 colaboradores participantes da área ou departamento responsável pelas redes sociais. O número médio de profissionais envolvidos é três (veja o Gráfico 3), variando para mais ou para menos de acordo com a opção da empresa. Quando a articulação é realizada internamente, a média é de dois profissionais. Já nos casos terceirizados, é de quatro profissionais, sempre levando em consideração as regras de arredondamento utilizadas[29].

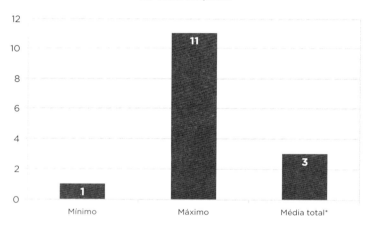

*A Média total foi definida pela soma de todos os profissionais envolvidos com redes sociais na amostra (472), dividida pelo número de empresas que responderam à pesquisa (128).

Gráfico 3: Em média, três profissionais articulam as redes sociais de cada empresa.

As organizações que detêm o nome oficial do perfil no Twitter e utilizam esse serviço, como é possível observar no Gráfico 4, têm como objetivo principal[30], em 78,1% das ações, e de maneira extremamente dominante, o relacionamento com seus públicos estratégicos. Com 14,8%, o segundo principal objetivo das organizações é a divulgação de novos serviços e produtos. O ato de oferecer suporte ao cliente foi defendido por 5,5% dos respondentes. Apenas 1,6%, assinalou que buscava informar os públicos de interesse.

Acredita-se em tamanha discrepância entre os objetivos, uma vez que, segundo Agatha Camargo Paraventi (2011, p. 212), a comunicação "destinada a apenas informar os públicos sobre os assuntos que são de interesse exclusivo da organização, não voltada aos reais interesses dos *stakeholders* e sem abertura de diálogo, pouco agregará aos objetivos organizacionais". Além disso, ainda de acordo com a autora, "configurará apenas a satisfação de ego de uma cúpula diretiva pouco atenta às relações dinâmicas com os públicos que determinam o desenvolvimento das instituições".

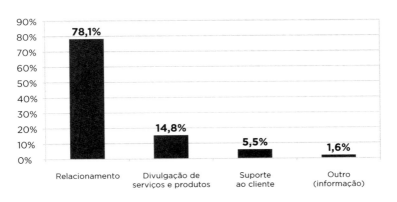

Gráfico 4: Relacionamento é o principal objetivo de atuação das empresas nas redes sociais.

Porém, apesar de o objetivo principal indicado por empresas ser o relacionamento, uma especialidade de relações públicas, identifica-se, pelo Gráfico 5, a baixa inserção de profissionais de RP nesse nicho de mercado. Na maioria das vezes (68,8%), nenhum articulador de redes sociais é formando ou graduado em Relações Públicas[31]. Em 25,7% das áreas ou departamentos responsáveis por essas ações, existe a presença de apenas um relações-públicas. A inserção de dois profissionais habilitados em RP acontece em 3,9% dos casos, superando os 1,6% em que três colaboradores de RP estão presentes[32].

Gráfico 5: É baixa a participação do profissional de RP na articulação de redes sociais das empresas.

Ainda na perspectiva dos respondentes, apenas 12,5% são graduandos ou graduados em Relações Públicas[33], como demonstra o Gráfico 6.

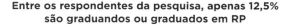

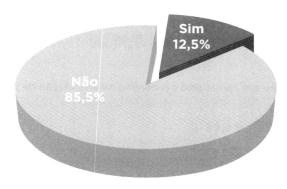

Gráfico 6: Entre os respondentes da pesquisa, apenas 12,5% são graduandos ou graduados em RP.

Os profissionais de RP (13,3%) são superados por esmagadores 40,6% de jornalistas, além de significativos 24,2% de profissionais de marketing e 19,5% de publicidade e propaganda. Web designers, com 1,6%, também realizam a articulação de redes sociais. A área de produção multimídia, com apenas 0,8%, também foi mencionada[34] (veja o Gráfico 7).

Dos profissionais citados, apenas 15,6% têm formação complementar em Relações Públicas. A maioria, com 84,4% (veja o Gráfico 8), não participou de nenhum curso livre, extensão universitária ou pós-graduação com ênfase em RP.

Nesse momento, é preciso deixar claro que, apesar da ausência de interesse em cursos de Relações Públicas por parte significativa de outros profissionais de comunicação, em conjunto com o objetivo de relacionamento mencionado pelas empresas, e da superioridade de inserção de colaboradores de Jornalismo, Marketing e Publicidade e Propaganda diante dos de RP, este livro não tem o propósito de ser contra os profissionais supracitados, que, inclusive, pertencem a campos que podem colaborar, complementar e fornecer visões distintas para o relacionamento com os públicos de interesse e a excelência nos serviços de comunicação.

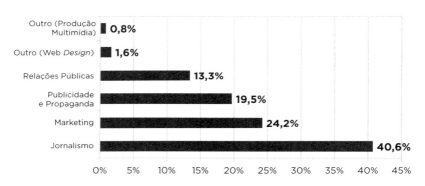

Gráfico 7: Formação em Jornalismo predomina na articulação de redes sociais.

Esta obra apenas questiona a ausência – ou reduzida inserção – de profissionais de relações públicas em ações em redes sociais que envolvam o relacionamento com os públicos de interesse da organização, algo que está vinculado às premissas da profissão, já que, segundo Margarida Maria Krohling Kunsch (2003, p. 106), "o verdadeiro trabalho de relações públicas é aquele que, além de informar, propicia o diálogo". E que, em perspectiva similar, como destaca Luiz Alberto de Farias (2011, p. 58), alinhando-se às considerações de Roberto Porto Simões:

> Em qualquer categoria que se enquadrem, as organizações têm uma característica comum: a necessidade de se relacionar com seus públicos.

Relações públicas, mercado e redes sociais

De acordo com Simões, as relações públicas estão presentes em quaisquer tipos de organização, não importando se há uma área definida formalmente para administrá-las. É algo inerente a toda organização, que independe da vontade, da criação de um departamento ou designação de pessoas para cuidar disso.

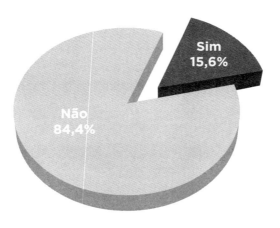

*Considerou-se "formação complementar" qualquer curso livre, extensão universitária ou, até mesmo, pós-graduação em Relações Públicas.

Gráfico 8: Baixa procura por formação complementar em RP entre os articuladores de redes sociais.

De maneira geral, como pode ser visualizado no Gráfico 9, os profissionais responsáveis por redes sociais estão formados em períodos entre dois e cinco anos (26,6%). Em seguida, com um percentual bem próximo do majoritário, encontram-se os colaboradores que se enquadram na faixa de seis a dez anos de formados, com 20,2%. A articulação de redes ainda se divide entre profissionais formados há mais de dez anos (18%), estudantes de graduação (18%) e, por último, graduados há menos de dois anos, com 17,2%.

Gráfico 9: Articuladores de redes sociais estão formados há um período entre dois e cinco anos.

Em geral, com pequenas variações, o índice de graduados, com 41,4%, como se observa no Gráfico 10, é superior ao de outras titulações. Na sequência aparecem os pós-graduados *lato sensu*, com 31,2%. Os estudantes de graduação também apresentam significativa inserção no segmento de mercado, com 15,6%. Pós-graduandos *lato sensu* aparecem com 6,3%, seguidos por mestres, com 3,9%, e mestrandos, com reduzidos 1,6%. Doutorandos e doutores não estão inseridos nesse mercado, já que eram alternativas possíveis no questionário *online* e não foram assinaladas nenhuma vez.

Articuladores de redes sociais, em geral, são graduados

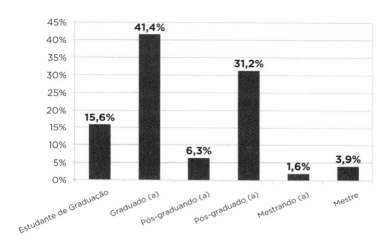

Gráfico 10: Articuladores de redes sociais, em geral, são graduados.

Com relação ao interesse pela parte estrutural das redes, percebe-se que a maioria dos profissionais responsáveis pela articulação de redes sociais (57,8%) não tem formação complementar em Desenvolvimento Web[35], como pode ser observado no Gráfico 11.

No âmbito geral, ao se considerar quem está mais inserido diretamente no mercado de articulação de redes sociais, percebe-se a presença mais constante de pessoas do sexo feminino, com 54,7%, ante 45,3% do sexo masculino, como indica o Gráfico 12. Essa superioridade feminina no âmbito profissional de articulação de redes poderia contrastar com o perfil do usuário comum – que, em 2010, era composto majoritariamente por homens –, mas coaduna o que parece ser uma tendência atual: a presença maior de mulheres nas redes sociais, inclusive como usuárias.

Maioria dos articuladores de redes sociais não possui formação complementar em Desenvolvimento Web

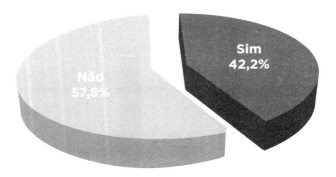

*Considera-se Desenvolvimento Web a parte estrutural e visual das redes sociais.

Gráfico 11: Maioria dos articuladores de redes sociais não possui formação complementar em Desenvolvimento Web.

Sexo feminino predomina na articulação de redes sociais

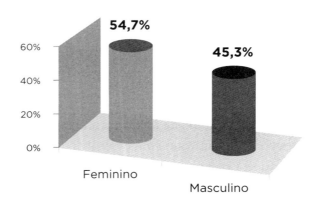

Gráfico 12: Sexo feminino predomina na articulação de redes sociais.

Relações públicas, mercado e redes sociais

Como se pode observar no Gráfico 13, pode-se dizer que esse profissional tem, na maioria das vezes (31,3%), entre 21 e 25 anos. Verifica-se ainda que o intervalo de idade entre 26 e 30 anos, com 28,8%, é bastante expressivo. Em seguida, com significativos 14,8%, encontram-se os profissionais entre 31 e 35 anos.

Já com grande diferença de margem diante dos percentuais supracitados, com apenas 7%, estão os profissionais com idade entre 41 e 45 anos e, na sequência, empatados com 6,3%, articuladores de redes sociais que têm entre 36 e 40 anos e mais de 50 anos. Por fim, com 5,5%, encontram-se os profissionais que têm entre 46 e 50 anos.

Foi possível perceber, nesse sentido, que o articulador de redes sociais de grandes empresas costuma ser jovem[36].

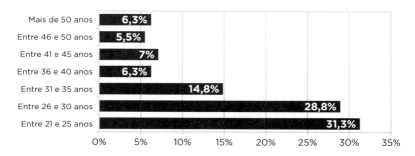

Gráfico 13: Articuladores de redes sociais têm – de forma majoritária – menos de 30 anos.

PESQUISA QUALITATIVA

Optou-se por realizar a pesquisa qualitativa após a execução da pesquisa quantitativa porque, com os resultados obtidos no estudo anterior, facilitou-se a posterior verificação de aspectos sociocomportamentais (não mensuráveis pela pesquisa quantitativa) por meio de métodos indutivos apropriados, aprofundando a análise dos fenômenos ou dos processos que se pretendia identificar de maneira exploratória. Como destacam Jean-Pierre Deslauriers e Michèle Kérisit (2008, p. 130), "uma pesquisa qualitativa de natureza exploratória possibilita familiarizar-se com as pessoas e suas preocupações. Ela também pode servir para determinar os impasses e os bloqueios capazes de entravar um projeto de pesquisa em grande escala".

Nesse sentido, a pesquisa qualitativa só ocorreu com agências de comunicação, pois a primeira pesquisa, por meio de um panorama de atuação mais conclusivo, demonstrou que, no que tange à articulação de redes sociais de grandes empresas, tanto proporcionalmente quanto em números totais, o profissional de relações públicas está mais inserido em agências de comunicação, que prestam serviços terceirizados, do que no ambiente interno das organizações.

Problema de pesquisa e objetivos
Estabeleceu-se como problema de pesquisa a averiguação das principais exigências das agências de comunicação diante dos profissionais de relações públicas que atuam na articulação de redes sociais para as empresas de grande porte.

O objetivo geral foi identificar as exigências do mercado para verificar como deve acontecer o alinhamento entre a deontologia da profissão de relações públicas e o contexto organizacional das agências de comunicação.

Por sua vez, os objetivos específicos foram: verificar como a formação dos colaboradores que coordenam a área ou departamento de redes sociais nas agências de comunicação que prestam serviços às maiores empresas do país pode influenciar as atividades do núcleo digital; descobrir se os profissionais de relações públicas, que participam ativamente da web representando as empresas contratantes de agências, têm capacitação na área de tecnologia; aferir as características e habilidades mais exigidas dos profissionais por parte do mercado; analisar como é realizado o diálogo entre empresas e agências para que o relacionamento com os públicos estratégicos do contratante seja dinâmico; e identificar como são mensurados os resultados de relacionamento e reputação que as empresas podem conquistar, por meio de agências contratadas, com o uso de redes sociais.

Amostra

A delimitação nas agências prestadoras de serviços de comunicação e articulação de redes sociais a essas grandes empresas se justifica pelo estudo da Deloitte (2010, p. 13), em que os resultados sinalizam que "[...] 62% das empresas utilizam ou já utilizaram serviços de terceiros no auxílio de projetos de mídias sociais, enquanto que 38% delas fazem tudo internamente, absorvendo todas as atividades, desde a concepção à execução". A opção de usar serviços terceirizados de agências – não necessariamente em sua totalidade, mas também como apoio aos projetos internos – por empresas de grande porte se demonstra interessante, em determinadas ocasiões, pelo suporte às iniciativas de relacionamento com os *stakeholders* e, por vezes, devido às soluções tecnológicas oferecidas.

Para selecionar as agências entrevistadas, utilizou-se inicialmente o *ranking Melhores e Maiores* empresas da revista *Exame* (2013), mas dessa vez foram selecionadas apenas as dez maiores do Brasil, especificamente da cidade de São Paulo, que divulgam perfil no Twitter em seus sites oficiais.

Com as empresas definidas, realizou-se um cruzamento com o *Anuário Brasileiro das Agências de Comunicação e da Comunicação Corporativa 2010/2011* e com o *Anuário Brasileiro da Comunicação Corporativa 2012*, tornando possível verificar as agências que prestam serviços, com mais frequência, às organizações supracitadas. Dessa maneira, as principais agências selecionadas para as entrevistas presenciais foram, em ordem alfabética:

- CDN Comunicação Corporativa;
- Edelman Significa;
- FSB Comunicações;
- Grupo Máquina Public Relations;
- Grupo TV1 Comunicação e Marketing;
- In Press Porter Novelli.

Resumidamente, é possível dizer que a amostra foi retirada de um universo composto pelas mil *Maiores e Melhores* empresas do Brasil e por suas principais prestadoras de serviço, podendo ser considerada não probabilística e de representatividade qualitativa e social – já que, em decorrência da amostra reduzida (característica dessa metodologia de pesquisa), os resultados obtidos não podem ser vistos como verdade absoluta no caso de generalizações e ampliações de amostra, mas são pertinentes e significativos para este livro.

Coleta de dados

Com base na delimitação da amostra exposta no tópico anterior, foi feito contato telefônico e por e-mail com as agências responsáveis pelas atividades nas redes sociais das maiores organizações, sempre priorizando entrevistar colaboradores que ocupam cargo de coordenação, gerência ou direção em cada agência, já que estes dispõem de uma visão global do núcleo digital e, por conseguinte, de todos os articuladores envolvidos. Os cargos dos entrevistados de cada agência podem ser observados no Quadro 1.

Agências	Cargo
CDN Comunicação Corporativa	Diretor-Geral
Edelman Significa	Diretor da Área Digital
FSB Comunicações	Gerente de Mídias Sociais
Grupo Máquina Public Relations	Diretor Adjunto da Unidade Digital
Grupo TV1 Comunicação e Marketing	Coordenador de Mídias Sociais
In Press Porter Novelli	Diretora de Conteúdo e Mídias Digitais

Quadro 1: Relação de entrevistados por agência de comunicação.

Por meio de abordagem direta, a técnica amostral escolhida para a pesquisa qualitativa foi a entrevista em profundidade, sempre realizada de maneira presencial, entre os dias 9 de maio e 25 de junho de 2012. Com o auxílio de um roteiro de entrevistas semiestruturado, cada respondente foi questionado pelo período aproximado de uma hora. Os depoimentos foram gravados.

Nesse sentido, as entrevistas em profundidade contribuíram significativamente para a obtenção de resultados relacionados aos seguintes temas: alinhamento de discurso entre agências e grandes empresas; mensuração dos objetivos atingidos com o uso da web; exigência de formação complementar ou entendimento da parte estrutural da rede por parte dos profissionais; e principais características que as agências exigem dos articuladores de redes sociais.

Os resultados da pesquisa qualitativa

Com cerca de seis horas e meia de gravações, foi possível realizar a análise da pesquisa qualitativa, extremamente importante para identificar as exigências das agências de comunicação, e do mercado em geral, sobre os profissionais de relações públicas.

Optou-se por seguir a sugestão de Valéria de Siqueira Castro Lopes e Vânia Penafieri (2011, p. 299), em que o relatório é interpretativo e "separado por blocos temáticos respeitando a estrutura do roteiro utilizado para a entrevista. Dessa forma, para cada bloco temático haverá análise focada em todas as entrevistas concedidas". Nessa perspectiva, os temas definidos para a análise das entrevistas foram: "Dinamismo nas redes sociais exige canal direto entre empresa contratante e agência", "Importância da mensuração de resultados nas redes sociais" e "Características exigidas pelo mercado dos profissionais que trabalham com redes sociais".

Dinamismo nas redes sociais exige canal direto
entre empresa contratante e agência

Percebe-se, pelas entrevistas, que o objetivo das empresas, ao contratarem as agências de comunicação, é mais voltado para o fortalecimento da marca e da reputação corporativa. Nota-se, também, que muitas procuram as agências sem saber a real necessidade do uso de redes sociais, mas acreditam que precisam estar inseridas no ambiente. Nesse sentido, ao ficar responsáveis por traçar os objetivos das empresas na web, a indicação das agências tende a ser para o relacionamento, aproveitando-se do retorno rápido de opiniões do público para a elaboração e a readequação de estratégias.

Esse relacionamento com os públicos de interesse de uma empresa exige dinamismo, principalmente quando realizado nas redes sociais. No caso de serviços terceirizados, em que a agência de comunicação responsável pela articulação não está inserida no ambiente organizacional, os cuidados e a velocidade na interação precisam ser ainda maiores. É o que ressaltam os coordenadores, gerentes e diretores entrevistados na pesquisa qualitativa.

Por isso, as agências, representadas pelos profissionais entrevistados, relatam que, a partir do momento em que são contratadas para a prestação de serviço em redes sociais[37], passam por um processo de imersão na empresa contratante, verificando princípios organizacionais, identificando pontos sensíveis e avaliando potencialidades. Nas palavras da gerente de mídias sociais da FSB: "Você precisa entender bem o que é o cliente, os objetivos traçados, o que faz diferença, quais são os pontos fracos, pontos fortes, ameaças e oportunidades [análise SWOT], tudo que nós [de comunicação social] estudamos faz muito sentido".

Em seguida, inicia-se um trabalho de esclarecimento sobre os possíveis benefícios de responder às críticas, sugestões ou reclamações do público. Em conjunto com essa tentativa de convencimento dos clientes menos habituados à velocidade necessária no ambiente web, costumam-se elaborar modelos de "perguntas frequentes" ou tabelas com as principais possibilidades de interação com os públicos, ou seja, uma prática para manter o padrão de qualidade, autonomia e dinamismo, dependendo do assunto abordado. Agressões e xingamentos gratuitos não costumam ser respondidos. Percebe-se, pelas entrevistas realizadas com os representantes das agências, que o atendimento às demandas dos públicos deixou de ser passivo, como ressalta o diretor da área digital da Edelman Significa: "Se um usuário fala sobre a marca, a empresa vai até ele e pergunta se essa pessoa deseja o atendimento, mesmo sem ter sido necessariamente solicitada, até para iniciar uma conversação. Após o contato, o grande desafio é como tornar 'quente' o relacionamento entre marca e consumidor".

Reuniões mensais costumam ser realizadas para que a prestação de serviço ocorra em intervalos regulares. Nelas são expostos os resultados alcançados e os próximos passos que devem ser seguidos, já com possíveis alinhamentos sobre o tipo de linguagem utilizado ou a periodicidade do serviço. Porém, para manter certa independência dos núcleos digitais, também é comum a existência de uma interface direta entre agência e organização contratante – com profissionais facilitadores dentro de cada departamento da empresa – para eventuais dúvidas específicas de procedimentos não tão usuais. As dúvidas pontuais e a autonomia das agências são abandonadas apenas em casos de crises potenciais, em que são convocados comitês específicos e diretrizes traçadas pelas empresas são seguidas não só nas redes sociais como em todos os outros canais de relacionamento com os públicos de interesse.

Nesses casos mais graves, especialmente em clientes mais sensíveis, é possível a realização de plantões, com revezamento de profissionais, em que articuladores se dedicam às redes sociais 24 horas por dia, sete dias por semana[38]. Dessa maneira, ao se resolver o problema no início, evita-se o prosseguimento da questão e a possibilidade de uma grande crise, já que, em diversas oportunidades, as redes sociais pautam a mídia tradicional e vice-versa, atingindo todos os tipos de público.

Importância da mensuração de resultados nas redes sociais

Com equipes de redes sociais cada vez maiores e dedicadas exclusivamente a essa função, o núcleo responsável costuma estar integrado a outros, como o de "Tecnologia da Informação", de "Desenvolvimento" ou de "Análise, Tendências e Monitoramento", especialmente nos casos em que tais funções não são realizadas pelo próprio departamento de redes sociais ou quando há subdivisões internas na unidade de negócio responsável.

O apoio da parte de monitoramento e a aplicação de métricas tornam-se cada vez mais importantes para evitar possíveis crises e para adequar o relacionamento ao público que está sendo atingido por determinadas mensagens[39]. Essa personalização – em que se define se é o momento de reter, estabilizar o ritmo ou estimular os *stakeholders* – e a própria análise dos fluxos de informação entre públicos, agências e empresas contribuem para que outras atividades de comunicação sejam aprimoradas.

Portanto, monitoramento e conteúdo estão inextricavelmente vinculados, já que há uma troca de insumos frequente para que ambos consigam se adaptar às necessidades, definindo novos tipos de linguagem e de abordagem e contribuindo com o alinhamento de discurso em todos os canais de relacionamento com os públicos no intuito de alcançar a excelência nos serviços prestados. De acordo com o diretor adjunto da unidade digital do Grupo Máquina PR, "dá para observar que os representantes das empresas assessoradas querem entender como elas são percebidas pelo público. Nesse sentido, o monitoramento é uma exigência de quase todos os clientes. Eles querem saber onde as pessoas falam, o que falam e como falam. A partir disso, nós pensamos na estratégia, mas sempre priorizando o relacionamento com os públicos".

Nota-se que "engajamento"[40] é o conceito mais utilizado e buscado pelo mercado no que tange à mensuração das ações em redes sociais. Todavia, é frequente a ressalva de que ainda não se chegou a um entendimento sobre o conceito nem sobre os cálculos usados para medi-lo. Basicamente, os entrevistados afirmam que os resultados mensuráveis podem ser visualizados por produção, retorno e conversação que o público teve a partir do conteúdo entregue pelo articulador. Ou seja, é possível avaliar se o conteúdo foi propagado por outras pessoas que não tinham sido atingidas inicialmente e, por se interessarem pelo assunto discutido, acabaram se aproximando da marca.

Esse tipo de monitoramento – e a própria articulação, quase sempre realizada com perfis institucionais, sem a personificação do usuário[41] – tende a ocorrer mais nas redes sociais populares, como Facebook, Twitter e YouTube. Em casos em que há necessidade de relacionamento com públicos específicos, realizam-se trabalhos que utilizam Pinterest, Formspring e Instagram, por exemplo. Geralmente, o processo de conversação é integrado – com cruzamento entre mensagens de diferentes redes sociais e direcionamento do usuário para os endereços desejados, como site corporativo, blogue ou outra rede –, sendo gerados diversos benefícios de visibilidade, assim como aumento no número de visualizações.

A soberania do uso de redes sociais mais populares, em detrimento da criação de novos aparatos, justifica-se, de acordo com os entrevistados, como afirmou o coordenador de mídias sociais do Grupo TV1, porque "o problema é que geralmente a adesão por parte dos públicos envolvidos é muito difícil. Apesar de seguir modelos e padrões muito parecidos com as redes mais populares, é difícil convencer esse público a aderir, não sei se é a interface ou apenas a sensação de que a empresa da rede proprietária[42] está controlando o conteúdo, o que pode ser um receio do público".

A gerente de mídias sociais da FSB corrobora, de certo modo, esse pensamento ao afirmar que "as redes sociais são as mais procuradas, pois são as mais conhecidas não só pelos clientes que nos contratam, mas também pelos usuários, ou seja, os públicos com quem as empresas querem falar. Porém, faz parte da nossa consultoria estratégica sugerir a melhor solução, e isso muitas vezes resulta em ações em outras plataformas, como o Formspring".

Com essa ressalva final, é possível perceber que as agências tentam integrar o uso de redes sociais mais populares à parte de desenvolvimento de aplicativos, portais e redes proprietárias. De modo geral, seus representantes afirmam que possuem aparatos internos – ou parcerias – para desenvolver redes sociais proprietárias para empresas, moldando-as de acordo com o interesse e os objetivos da organização. Porém, ressaltam que, além da baixa procura do mercado, os projetos realizados tendo como meta o ambiente externo tendem a não contar com a adesão por parte dos públicos que se relacionam com a empresa, mesmo quando a interface, a lógica de uso e os aplicativos são parecidos.

A quantidade de redes sociais que cada usuário tolera administrar – além das mais populares – e a ideia de estar em um ambiente possivelmente controlado e monitorado pela organização são algumas das hipóteses apontadas pelos entrevistados para a baixa adesão dos usuários. Nessa perspectiva, na comunicação externa, os públicos de interesse tendem a se concentrar nas redes sociais já consolidadas, como Facebook, Twitter e YouTube, e as empresas tomam a iniciativa de migrar para essas redes, deixando de priorizar a constituição de novos ambientes para o relacionamento com os públicos.

No caso de redes proprietárias voltadas para o público interno, costuma-se obter resultados mais satisfatórios[43]. Em algumas situações, por exemplo, transforma-se a intranet ou o portal corporativo em uma rede social, facilitando a interação entre profissionais da empresa. De acordo com os entrevistados, a International Business Machines (IBM) – que, inclusive, tem uma cartilha que indica como os colaboradores devem se posicionar nas redes sociais – é um caso de sucesso nessa prática porque, apesar do esforço que precisa ser empregado para a interação entre profissionais, consegue promover o compartilhamento de ideias entre diferentes áreas da organização, aprimorando projetos e modelos de negócio.

Características exigidas pelo mercado dos profissionais que trabalham com redes sociais

Nesse bloco encontram-se as informações que têm relação mais direta com as características e possibilidades de formação para os profissionais que desejem trabalhar com a articulação de redes sociais. Ou seja, a identificação das exigências atuais do mercado, assim como as expectativas de capacitação que as agências têm de seus profissionais, pode facilitar a avaliação dos princípios deontológicos de relações públicas diante dos requisitos observados e, consequentemente, nortear alguns conceitos que serão abordados no quarto capítulo do presente livro.

Os entrevistados destacam que esse profissional precisa ser curioso, flexível, com perfil mediador, capacidade analítica plena para identificar os riscos e as potencialidades de cada informação e gostar de aprender coisas novas, uma vez que sempre há uma rede social que surge e precisa ser tecnicamente dominada. De preferência, devem ter formação híbrida, transitar em várias áreas e, também, pensar como comunicadores, como menciona a gerente de mídias sociais da FSB: "Eu acho que a formação de qualquer pessoa de comunicação, nos dois primeiros anos, tinha que ser muito mais abrangente para todo mundo. O RP teria que saber mais de jornalismo e de publicidade, o publicitário mais de RP e jornalismo e o jornalista mais de publicidade e RP".

Na amostra utilizada, percebeu-se, inclusive, que, de acordo com a formação do gerente, coordenador ou do diretor do núcleo digital de cada agência, ou até mesmo do fundador da empresa, tende-se a buscar determinadas especificidades. Jornalistas costumam selecionar articuladores que tenham redação mais aprimorada; profissionais de relações públicas procuram articuladores com foco em planejamento e relacionamento; publicitários lidam bem com articuladores que tenham noções mais específicas da parte mercadológica; entre outros perfis. Como exemplo, pode-se citar o diretor adjunto da unidade digital do Grupo Máquina PR, que ponderou: "A gente tende a preferir jornalista, porque é o profissional que consegue ter uma boa análise de mídia, além de um texto bom. Profissionais com que eu posso contar tanto para fazer uma análise e uma estratégia como para produzir o conteúdo. Claro que eu preciso de gente diferente, eu preciso de um publicitário, um RP, alguém que possa pensar um pouco 'fora da caixa' e não necessariamente vai ter que produzir o material no fim das contas, mas tem que produzir um conceito".

O entrevistado complementa essa ideia ao mencionar que "o jornalista foi priorizado também pela própria cultura da empresa, fundada por uma jornalista, com a maioria dos diretores também formados em Jornalismo. O que a gente faz é procurar pessoas que gostem de se comunicar e possam transitar em várias áreas".

Além das formações supracitadas, profissionais de marketing podem fornecer uma visão mais mercadológica à área de comunicação, assim como colaboradores de tecnologia da informação podem contribuir com a parte estrutural das redes sociais e colaboradores de web *design*, atuar mais na parte visual.

Ressalta-se que alguns entrevistados acreditam que, em determinado momento, uma área ou habilitação possa prevalecer sobre as outras, devido às características adquiridas em outras áreas, mas ainda não há entendimento sobre qual levaria vantagem ou se um novo campo de formação precisaria ser criado.

No momento, para suprir as necessidades – que hoje aparecem segmentadas em diferentes formações profissionais –, as agências têm investido na capacitação e no treinamento dos colaboradores ligados diretamente à articulação de redes sociais, por vezes fornecendo parte dos valores referentes aos custos de extensões universitárias realizadas externamente e, em outras ocasiões, oferecendo palestras, grupos de discussão e cursos internos sobre assuntos específicos.

Os cursos relacionam-se principalmente à mensuração de resultados e ao monitoramento de palavras-chave, que por sua vez exigem entendimento específico da linguagem para a busca por grupos de palavras, número de caracteres e expressões no singular e plural, entre outras. "Expressões regulares", "*search engine optimization*" (SEO), "*business intelligence*" e "*links* patrocinados" são temas em geral abordados e exigidos pelas agências. De acordo com o coordenador de mídias sociais do Grupo TV1, "na equipe de mídias sociais, por exemplo, é incentivado que os profissionais façam todos esses tipos de curso. [...] Você tem o

SEO mais técnico, que é o de programação, e o SEO de conteúdo também, em que se utilizam determinadas técnicas para melhorar o posicionamento da empresa em buscadores. Quanto mais a equipe aprender do universo digital, melhor vai ser o nosso desempenho também em mídias sociais, porque hoje tudo está muito ligado".

Nessa conjuntura, já é possível encontrar em algumas agências a presença de profissionais que entrecruzem campos do conhecimento, como destaca a gerente de mídias sociais da FSB: "os gestores costumam ter formação em Comunicação, mas com uma base forte, um conhecimento técnico muito bom. O diretor, por exemplo, é um jornalista que entende bastante de programação".

Apesar dessa busca de formação complementar realizada pelos próprios profissionais, as agências costumam indicar cursos que abordem não apenas a parte estrutural da rede, com foco em programação e tecnologia, mas também análise de conteúdo e entendimento das métricas. Destaca-se que o profissional de comunicação, que, por formação, já sabe realizar o contato com diferentes públicos, não precisa necessariamente se tornar um programador, mas entender a lógica do processo para interagir com o programador e o *designer*, coordenar as ações, sugerir novas soluções e fazer inferências que tornem mais adequado o relacionamento com os públicos, reunindo a parte técnica, visual e de conteúdo.

A gerente de mídias sociais da FSB ressalta que "os profissionais de comunicação precisam ter pelo menos uma noção de como funciona o processo que envolve o desenvolvimento". E completa: "Não é necessário saber executar, programar com perfeição, mas entender a lógica do processo para poder dimensionar prazo, preço e pessoas necessárias para a realização da atividade". Na mesma linha de pensamento, o diretor geral da CDN destaca a importância de entender "a lógica de programação para saber como as plataformas de redes sociais funcionam e ser capaz de sugerir novas soluções, com uma visão de comunicação que o programador geralmente não possui".

Outro ponto de destaque para a formação do profissional responsável pelas redes sociais é o entendimento da parte interna da empresa – o funcionamento da organização como um todo –, principalmente com o auxílio das práticas de recursos humanos, uma vez que para divulgar alguma informação deve-se, necessariamente, conhecer os princípios organizacionais. Além disso, aprimorar a redação de textos foi uma sugestão frequente por parte dos entrevistados.

É possível afirmar, portanto, que ter uma visão global da organização, ou seja, entender todos os processos que ocorrem na empresa, além de entrecruzar campos do conhecimento e áreas organizacionais – como comunicação, marketing, recursos humanos e tecnologia da informação –, é um caminho a ser seguido. Com essa integração entre áreas poderá ser formado um profissional ideal para a articulação de redes sociais, que atue tanto na área de Humanas, focado em conteúdo, quanto na de Exatas, com o uso de determinados cálculos e linguagens que facilitem o monitoramento. Ou seja, um profissional envolvido com um setor que não centralizaria as ações, mas faria o papel de intermediário que incentivaria e dialogaria com outras áreas, promovendo a cooperação mútua e o fortalecimento conjunto da empresa. Esse assunto será aprofundado no próximo capítulo.

4
Relação entre entendimento da estrutura tecnológica e articulação de redes sociais

Este capítulo busca, por meio da comparação entre as funções exercidas pelo articulador de redes sociais, das habilidades do profissional de relações públicas e dos resultados obtidos nas pesquisas do capítulo anterior, analisar mais detalhadamente os atributos exigidos pelo mercado para a articulação de redes sociais, permitindo que a área de RP esteja em sintonia com as demandas da sociedade contemporânea.

Ao considerar que as constantes evoluções tecnológicas impactaram diretamente a atividade de relações públicas, o presente capítulo apresenta o conceito de *netweaving* e sua possibilidade de utilização por grandes empresas, assim como possíveis alternativas para facilitar as atividades do articulador de redes sociais, levando em conta as exigências do mercado constatadas no capítulo anterior. Além disso, a transdisciplinaridade e o pensamento computacional são abordados como elementos facilitadores para superar os obstáculos encontrados por profissionais de RP diretamente envolvidos com tecnologia.

Rafael Vergili

ARTICULAÇÃO DE REDES SOCIAIS E SUA IMPORTÂNCIA PARA AS EMPRESAS

Como vimos no Capítulo 1, as redes são constituídas por graus de distribuição variáveis entre a máxima centralização, em que não ocorre nenhum tipo de distribuição, e a máxima distribuição, quando se atinge a totalidade. Segundo Augusto de Franco (2008b), é nesse contexto que se desenvolve o *netweaving*, que se refere à articulação de redes e demanda, necessariamente, a conexão entre pessoas (redes distribuídas) e não apenas a ligação direta com um centro coordenador, como ocorre em redes centralizadas.

Essa articulação só pode ser propiciada por meio da concepção de mecanismos de incentivo que permitam a participação espontânea do usuário, possibilitando interação ampliada, se comparados com os veículos de comunicação considerados tradicionais. Porém, o tão criticado *gatekeeper* – no sentido tradicional, responsável por selecionar as informações divulgadas pela mídia – pode continuar exercendo função de extrema importância, até mesmo no ambiente web, desde que o entendimento pleno de sua função seja alterado. É o que destacam Karine Barzilai-Nahon e Seev Neumann (2005), que, ao identificarem o baixo número de pesquisas sobre *gatekeeping* no contexto da internet, adotaram uma postura, de certo modo, contestadora sobre o clássico conceito, buscando um paralelo para a aplicação nas redes.

Os autores defendem que a conceituação de *gatekeeping* como um simples processo de seleção pode restringir o seu significado, que deveria ser entendido da ótica de um completo domínio exercido sobre a informação, retirando a noção clássica do fluxo emissor e receptor, já que no ambiente web as funções se invertem constantemente. Ou seja, nas redes, perde-se a ideia tradicional de origem e destino final das informações e permite-se que qualquer um seja fonte de novos insumos que agregarão ao debate.

Com apoio em renomados referenciais teóricos, citam a possibilidade de um modelo de articulação em que não se deseja aplicar uma relação unilateral de conhecimento, mas aproveitar os subsídios oferecidos para modelar, localizar, exibir, integrar, separar, visualizar, reter, repetir, excluir e selecionar mensagens completas, ou apenas parte delas. Basicamente, o elemento central teria relação com a maneira de alimentar o debate, mas manteria a função de supervisão e participação ativa. Até porque, apesar de estar em uma estrutura distribuída, não é recomendável que qualquer tipo de comentário indevido – ou que contenha inverdades – fique exposto[44], sem resposta, em redes sociais de grandes empresas.

Porém, segundo Carolina Frazon Terra (2008), é preciso lembrar que nesse ambiente o controle total de conteúdo, apesar da melhora em mecanismos de monitoramento e mensuração de resultados, torna-se extremamente dificultado devido a algumas características, como: linguagem mais objetiva e concisa; aumento da velocidade na troca de informações; grupos segmentados e agrupados por interesses afins; e facilidades de retorno e resposta.

Por esse motivo, uma nova configuração de moderação é apresentada, a de *gatewatchers*[45], que filtram determinadas informações não com o objetivo de censurar os usuários, mas de promover e orientar o debate para que este se torne mais produtivo. Essa nova função do comunicólogo – ou, no caso, do relações-públicas – possibilita ao profissional ampliar sua capacidade e tornar-se fonte de informação para debates, selecionando acontecimentos mais importantes, disseminando o conteúdo e, por consequência, permitindo a participação e interpretação de outros usuários. Não se refere a um cerceamento imposto aos usuários, mas a um direcionamento de informações de acordo com o interesse de cada grupo, com o propósito de não desvirtuar o debate. Tal necessidade pode ser justificada por uma alta carga de informação, cada vez mais rápida e disseminada. Nesse sentido, uma orientação para o debate se torna positiva a partir do momento em que os públicos estratégicos para uma organização geralmente a procuram quando informações não são transmitidas com qualidade suficiente. O verdadeiro valor para o fornecedor de informação reside, portanto, em "[...] localizar, filtrar e comunicar o que é útil para o consumidor. Não é por acidente que os sites mais populares da web pertencem às máquinas de busca, aqueles dispositivos que permitem às pessoas encontrar a informação que valorizam e evitar o resto" (Shapiro e Varian, 1999, p. 19).

Seria atribuída ao profissional de relações públicas, nesse contexto, a tarefa de formar públicos para as empresas, fornecendo informações e subsídios para discussões em busca de uma decisão coletiva. Como afirmam Yuqing Ren e Robert Kraut (2009), nessa conjuntura, em um sistema com moderação personalizada, em que conteúdos alheios aos temas centrais são eliminados – em especial se todos os usuários deixam de ser expostos a todo tipo de conteúdo em redes com alto volume de informações –, o nível de comprometimento dos usuários pode crescer.

A possibilidade de aumento na participação com um articulador responsável se daria uma vez que, no caso de ausência desse profissional, sobretudo em redes com grande volume de mensagens, a falta completa de filtro poderia causar desinteresse. Segundo Augusto de Franco (2008a), como a rede não produz efeitos isoladamente, acaba por servir como ambiente ou meio para que estímulos, provocações, animações, abastecimentos e articulações ocorram, permitindo que múltiplas interações estabeleçam novas conexões e caminhos para o tráfego de mensagens.

Por essas características, é possível dizer que a rede é um reflexo dos desejos de seus membros e que suas ações conjuntas só podem ser realizadas por meio de propostas livres e, mesmo diante de tais circunstâncias, de desfecho imprevisível. Por não se tratar de um processo de verificação majoritária e de imposição, a vontade de alguns pode não ser transmitida para outros e, em consequência, as ações não devem surgir por uma organização hierárquica, mas sim de maneira emergente e espontânea.

Se uma empresa ou organização da sociedade civil, portanto, entender que deve articular uma rede, é de extrema importância que dê autonomia a um grupo de pessoas para que se estruturem, mobilizando-a naturalmente. O receio das organizações decorre da ausência de controle a partir da constituição do grupo, tornando-se expostas a comentários negativos e a possíveis prejuízos de imagem e reputação. Para Franco (2008a), "[...] se quisermos articular uma rede com um propósito qualquer é necessário que tal propósito seja assumido por um conjunto de pessoas". E complementa: "Para que um conjunto de pessoas assuma um mesmo propósito – válido para efeitos de articulação de rede – é necessário que cada pessoa decida interagir por si mesma".

O que é possível fazer, no entanto, é estimular a conexão entre pares, sempre com objetivos definidos, disponibilizando regularmente informações para os públicos da empresa. Deve-se deixar claro, porém, que esses são apenas esforços iniciais para que, posteriormente, um movimento sustentável, sem novos incentivos externos, seja provocado por usuários autônomos. Ao aplicar tais orientações, segundo Walter Teixeira Lima Junior (2010a), deve-se sempre ser relevante, já que esse é o atributo primordial associado à credibilidade e, portanto, à sobrevivência em qualquer tipo de meio.

FACILITADORES PARA A ARTICULAÇÃO DE REDES SOCIAIS

Ainda na perspectiva da articulação de redes sociais, abordam-se os benefícios que poderiam ser gerados à área de comunicação e, em especial, de relações públicas, ao tentar entrecruzar campos do conhecimento envolvendo tecnologia e, não obstante, áreas afins, como: jornalismo, publicidade e propaganda, produção audiovisual e marketing. Ao utilizar conceitos específicos de outros segmentos, o relações-públicas poderá criar planejamentos coesos e melhorar o relacionamento entre indivíduos e empresas até mesmo no ambiente web.

São propostas duas alternativas viáveis para otimizar as práticas de relações públicas com o apoio da tecnologia: transdisciplinaridade e pensamento computacional. Esses temas têm relação intrínseca com o conteúdo obtido nas entrevistas concedidas por coordenadores, gerentes e diretores da área digital das maiores agências de comunicação do país. Objetiva-se, portanto, com base no panorama do mercado traçado no Capítulo 3, realizar uma comparação teórica, envolvendo conceitos de pesquisadores e trechos – ou a ideia central – das entrevistas realizadas.

Transdisciplinaridade aplicada às relações públicas

De um lado, intelectuais literários e, de outro, cientistas. Entre eles, um abismo de incompreensão, algumas vezes por gosto pelas disciplinas ou por puro preconceito, outras por não entenderem dos assuntos propostos. Em decorrência de uma formação de imagem indevida do outro grupo, ambos não conseguiam achar pontos em comum para articular seus objetos de estudo.

Segundo Charles Percy Snow (1993), os intelectuais literários consideravam que os cientistas eram arrogantes e desconsideravam a arte, a literatura e as condições humanas envolvidas nos processos. Já os cientistas acreditavam que os intelectuais literários tinham uma completa ausência de balizamento empírico em suas evidências, tornando-se muito inventivos – ou apenas reproduzindo pensamentos de autores anteriores em um infindável processo de comentários sobre outros comentários sem contato com o mundo atual.

Snow (1993) optou por transitar entre essas diferenças e avaliações destrutivas – muitas vezes equivocadas –, propondo uma interação maior entre "as duas culturas", termo cunhado pelo próprio autor, em 1959, em livro homônimo. Essa nova proposta intensificou-se a partir de uma segunda edição de *As duas culturas*, de 1963, em que Snow indicou o surgimento de uma terceira cultura, que possibilitaria reduzir a dicotomia entre intelectuais literários e cientistas, permitindo que ambos tivessem condições de conversar com embasamento teórico. Tal ideia surgia de uma advertência do próprio autor, ao identificar que o aumento contínuo do abismo de incompreensão mútua entre cientistas e intelectuais literários, ou seja, a discordância entre duas culturas (também tratadas como humanidades e ciências ditas duras), estaria cerceando a produção de oportunidades criativas e originando um grande obstáculo à resolução dos problemas do mundo.

Porém, como indica John Brockman (1995), o que se verifica atualmente é uma tendência de contato direto dos cientistas com a sociedade. Antes sem espaço em jornais e revistas, os cientistas –

também para evitar interpretações equivocadas sobre a ciência moderna por parte de acadêmicos e profissionais das humanidades – adquiriram técnicas de redação para facilitar o entendimento público, o que possibilitou, sem intermediários, a popularização e o aumento da venda de livros com conteúdo mais científico.

O fato de cientistas terem de buscar alternativas para divulgar seus trabalhos compromete a ideia de que a junção entre campos do conhecimento está próxima. Isso inviabiliza os diversos benefícios que a tecnologia poderia ter com a complementaridade entre as duas culturas. Nesse sentido, Álvaro Vieira Pinto (2005, p. 222) afirma que é preciso "lamentar o fato de a mais fundamental interpretação da tecnologia não poder, quase nunca, receber a contribuição dos técnicos praticantes, ou sequer ser prazerosamente recebida por eles".

Ao tratar de ferramentas e redes sociais desenvolvidas por e para a CDN, seu diretor-geral diz que "a empresa de tecnologia consegue oferecer a ferramenta, instalar, configurar, tudo perfeito. Porém, não consegue fazer todo um trabalho de comunicação para que gere adesão e as pessoas comecem a usar essa rede. A falha é dos dois lados: tanto o profissional de comunicação tem um pouco de receio da área de tecnologia quanto o profissional de tecnologia, muitas vezes, não consegue entender muito bem a dinâmica dos serviços de comunicação".

O entrevistado ressalta ainda a diferença entre os profissionais de tecnologia da informação e os de comunicação social presentes na agência, pois ainda "são cabeças muito diferentes". Nesse sentido, com o propósito de reduzir essas divisões apresentadas, um elemento articulador e facilitador para o entendimento de fenômenos na rede – discutido inicialmente por este autor (2011b) – pode ser útil: a "transdisciplinaridade".

De acordo com Monica Martinez (2008), pode-se dizer que o termo surgiu em 1970, no decorrer do I Congresso Internacional sobre Interdisciplinaridade, na cidade francesa de Nice. Jean Piaget, durante o evento, mencionou que o rompimento da dicotomia entre sujeito e objeto, que estava sendo abordado no encontro, deveria receber outra nomenclatura: transdisciplinaridade. O conceito estaria intrinsecamente ligado não apenas a um agrupamento de informações de disciplinas, mas a um pensamento organizador, cujo objetivo é construir conhecimento integrado.

No colóquio "A ciência diante das fronteiras do conhecimento", em 1986, criou-se a "Declaração de Veneza", que debateu o conhecimento na perspectiva de que as movimentações internas do campo atingiram seus limites e a troca entre as disciplinas seria essencial para a evolução das áreas. Foi um grande marco para a discussão do termo "transdisciplinaridade", que teve prosseguimento em mais três declarações, relativas aos encontros de Vancouver, Belém e Tóquio.

A partir de 1994, ano em que foi redigida a Carta da Transdisciplinaridade[46], o termo recebeu mais abrangência e apoiadores ao ser definido como a abertura – e não o domínio – de várias disciplinas, atravessando-as e ultrapassando-as. Ubiratan D'Ambrosio (1997), matemático brasileiro e um dos pioneiros do estudo no país, participou dos primeiros fóruns realizados sobre o tema e constatou que, para que se dê a complementaridade entre as disciplinas – respeitando as características, técnicas e habilidades individuais –, os campos do conhecimento não podem ser hierarquizados.

Essa ausência de fechamento entre disciplinas provocada pelo intercâmbio, mas com respeito pelas especificidades, causa deslocamentos do campo original e o entrecruzamento em um novo lugar, que ultrapassa as linhas divisórias, com conhecimento integral, unificado e significativo. Segundo Maria Aparecida Baccega (1999) e Vera Veiga França (2002), esse tratamento híbrido e distinto, com contribuições de outras disciplinas, causa reflexão, crítica e construção de uma nova variável histórica e de diferentes abordagens sobre o objeto.

Em projetos que se relacionam à área de comunicação e, mais especificamente, à atividade de RP, em conjunto com as novas tecnologias, as teorias transdisciplinares poderiam contribuir para o entendimento de diversos aspectos e fenômenos ocorridos no ambiente web, ajudando, inclusive, a apresentar resultados comprovados, com menos fragilidades. Nesse entrecruzamento de campos, é fundamental adquirir aprofundamento teórico, tanto sobre a natureza do homem quanto sobre a natureza da rede, sobretudo no que se refere à parte estrutural.

Com essa ideia de entender o papel do homem, do profissional de RP e de entrecruzar campos do conhecimento, em especial comunicação social e tecnologia, Jim Macnamara (2010, p. 337, tradução nossa) afirma que, "devido aos seus papéis complexos e múltiplos na sociedade, uma abordagem transdisciplinar precisa ser estudada e pesquisada na comunicação [...]. Além disso, uma perspectiva transteórica expande a abertura pela qual ela é examinada, fornecendo uma visão maior e mais contextualizada".

Nessa conjuntura, vale retomar a ideia de que em relações públicas há um agrupamento com outras áreas com o objetivo de construir o posicionamento institucional e a credibilidade das organizações. Partindo do pressuposto de que a atividade perpassa diversos outros campos e de que, segundo Maria Aparecida Baccega (1999, p. 7), "embora cada um dos campos guarde suas especificidades [...], há entre eles um intercâmbio permanente, formando novos campos, em outro patamar", não seria inviável implementar o pensamento computacional visando agregar informações, não apenas de áreas da comunicação como de tecnologia, obtendo, no mínimo, conhecimentos básicos sobre a estrutura da rede.

Pensamento computacional para gerar melhores resultados

Como discutido inicialmente por mim (2011a), o pensamento computacional poderia ser mais uma opção para otimizar as práticas de relações públicas, especialmente nas redes sociais.

Com as constantes evoluções tecnológicas, diversos problemas e dificuldades encontrados anteriormente no processo de relacionamento entre empresas e *stakeholders* foram amenizados. Assim, torna-se cada vez mais importante para as empresas integrar a parte de gestão do conteúdo com o núcleo duro dos profissionais de tecnologia da informação, o que pode facilitar a adaptação às redes e proporcionar inovações que ainda são menos frequentes devido, em alguns casos, às divergências internas entre departamentos ou campos do conhecimento de organizações.

Como parte do processo para sanar tais questões surge a proposta de fornecer elementos sobre a estrutura de rede a profissionais de RP. Baseado nos conceitos de Jeannette Wing (2006) e nas inferências de Kim Pearson (2009), sugere-se desenvolver o pensamento computacional, que evitaria a tentativa frequente de entender apenas como se apropriar das redes sociais mais utilizadas no momento, prática que não traz estabilidade por um longo período.

De acordo com Jeannette Wing (2006, p. 34, tradução nossa), "temos testemunhado o impacto do pensamento computacional em outras disciplinas", uma vez que "é uma habilidade fundamental para todos, não apenas para cientistas da computação" (*ibidem*, p. 33). Porém, essa concepção, que aparenta ser nova na área de comunicação, segundo Walter Teixeira Lima Junior (2011, p. 49), já era desenvolvida no final dos anos 60, do século passado, por profissionais estadunidenses que começaram a entender o funcionamento de computadores e banco de dados, na tentativa de utilizar esses dispositivos tecnológicos para obter informações não triviais.

Os novos processos comunicativos, que dependem cada vez mais da máquina computacional, se associados ao ato de pensar computacionalmente – que tem relação intrínseca com o uso de diferentes níveis de abstração vinculado às características da ciência da computação –, pode permitir que o profissional de RP deixe de ser apenas consumidor de tecnologias e passe a ser seu produtor. Sem a necessidade de tornar-se programador, mas adquirindo capacitação suficiente para conhecer a parte estrutural da rede, uma gama de possibilidades, seja na resolução de problemas estruturais ou de conteúdo, poderia ser explorada de maneira mais eficaz.

Para Kim Pearson (2009), a capacitação na área pode permitir a inserção desses profissionais, com mais facilidade, no contexto de constante mudança das tecnologias, produzindo insumos para a continuidade na excelência dos serviços prestados e para a democratização da informação, por meio do desenvolvimento de interfaces amigáveis que possibilitem a instrumentalização e, por conseguinte, a interação entre usuários.

Tal ensejo permite constatar que o pensamento computacional engloba a ideia de antecipar, prevenir, proteger, recuperar e acelerar cenários que auxiliam a compreensão do comportamento humano, tendo, portanto, caráter universal, ao basear-se na identificação do poder e dos limites dos processos computacionais. Ou seja, segundo Jeannette Wing (2006), o objetivo é aplicar a criatividade humana às tecnologias, facilitando a resolução de problemas por meio das seguintes características: não ficar restrito apenas à programação, mas ao entendimento do conceito do objeto, utilizando-se de múltiplos níveis de abstração; ter a capacidade de interagir em diferentes ambientes e não apenas de maneira mecânica; pensar como humanos e não como máquinas, ou seja, utilizar-se da criatividade, algo que as máquinas não têm; e não limitar-se a gerar novos *softwares* e *hardwares*, mas saber a importância e a função que terão para os públicos que os utilizarem.

Ao obter os conhecimentos necessários sobre os limites e as potencialidades das novas tecnologias e, de acordo com os objetivos e intenções das empresas, fornecer interfaces mais amigáveis aos públicos de interesse, aumentar-se-ia a chance de crescimento do número de usuários e, portanto, de consumidores de produtos e serviços das empresas, além da formação de pontos de vista acerca das organizações, aprimorando-se, caso bem administrada, a reputação corporativa. A importância de um profissional de relações públicas devidamente capacitado, inserido nesse cenário, é significativa, já que fomentaria a liberdade de expressão, a manutenção da qualidade, a pertinência informativa do conteúdo e, ao mesmo tempo, a participação de todos os públicos estratégicos, no caso das empresas.

Em resumo, com uma apropriação tecnológica adequada facilitar-se-ia o monitoramento de comentários dos públicos estratégicos das organizações, aumentar-se-ia a possibilidade de estabelecer relacionamentos e, consequentemente, a reputação se fortaleceria. Essa avaliação é peça-chave de ações de RP, como destaca Luiz Alberto de Farias (2009a, p. 101): "Os planos de comunicação partem dos macro-objetivos que as organizações traçam e não podem deixar de lado sistemas de acompanhamento de resultados".

Nessa mesma perspectiva, pelas leituras e entrevistas realizadas, a importância do entendimento da estrutura da rede e o domínio das técnicas de mensuração são fundamentais para fazer um entrecruzamento com o conhecimento de comunicação e análise, entregando um relatório completo à empresa que utiliza os serviços de articulação de redes sociais. É o que destaca o coordenador de mídias sociais do Grupo TV1: "Na prática, a gente obviamente entrega uma análise qualitativa, o motivo de usuários terem determinado tipo de comportamento, a razão de determinada atitude ter acontecido, qual é o sentimento em relação à marca, mas eu preciso mensurar as ações. Sem a coleta desses dados e o entrecruzamento dessas informações eu não consigo ter uma análise qualitativa. Então, nesse ponto, é importante para o profissional ter contato com essas áreas mais técnicas [...]".

FORMAS DE CONTRIBUIÇÃO DO PROFISSIONAL DE RP NAS REDES SOCIAIS

Com base no contexto desenvolvido anteriormente e, sobretudo, nos resultados das pesquisas apresentadas no decorrer deste livro, procurou-se verificar as exigências do mercado em relação ao profissional de RP e, em consequência, compará-las mais adequadamente com a deontologia da profissão.

Nesse sentido, o relações-públicas, utilizando-se do mapeamento de pontos fortes, pontos fracos, ameaças e oportunidades[47] da organização, devido às características das redes, pode coletar informações mais detalhadas do ambiente em que a empresa está inserida, agregar valor ao que será distribuído por todos os departamentos e, em consequência, gerar um discurso alinhado na web – aumentando a chance de relacionamentos baseados em fatos reais, mas cuja intenção seja promover a imagem e reputação corporativas. Evita-se, portanto, o discurso puramente mercadológico, que busca apenas a comercização de produtos e o lucro; visa-se, com relacionamentos mais duradouros, a uma opinião pública favorável – como vimos no segundo capítulo do presente livro –, que beneficiará a empresa tanto em questões institucionais quanto em questões promocionais. Sob esse prisma, Luiz Alberto de Farias (2009a, p. 94) explica que:

> A interação das organizações com os agentes internos e externos, visando à participação no processo construtivo da opinião pública – responsável pelas mobilizações em relação às organizações, tanto positiva quanto negativamente –, leva à estruturação de relacionamentos de maior duração e, por isso, mais eficientes e com relação custo/benefício mais interessante.

Com a busca constante da comunicação integrada, como demonstrou a pesquisa qualitativa do capítulo anterior, as empresas devem participar tanto do ambiente digital como dos mais tradicionais eventos presenciais. Ambos são complementares, sendo preciso ainda procurar a interação com as pessoas, combinando o modo de criação da identidade adequado com estratégias de relacionamento institucional direto. O profissional de relações públicas, nessas circunstâncias, contribuiria com a disponibilização de serviços mais adequados para a interação entre empresas e *stakeholders*.

Tendo como base os resultados expostos nas pesquisas do terceiro capítulo, verifica-se que o objetivo principal das empresas presentes nas redes, com 78,1%, é o relacionamento. Nesse cenário, o relações-públicas – caso inserido de modo adequado, o que não acontece hoje, de acordo com a pesquisa quantitativa – teria papel importante no mercado atual, fortemente influenciado pelas novas tecnologias, uma vez que, segundo Luiz Alberto de Farias (2009b, p. 147), "os sujeitos individuais e coletivos tecem e veem tecidos os significados sociais: têm nas relações públicas um agente de mediação, de interpretação e de reinterpretação". Ou seja:

> As relações públicas apresentam, assim, uma função dialógica, por meio da qual criam campo de pensamento que permite o equilíbrio entre interesses por meio de interpretação de significados e da ação pontual ou permanente de integração entre acontecimentos e as suas teias de representações nos espaços simbólicos de disputa e de conflitos e, possivelmente, de encontro e diálogo. (*ibidem*, p. 145)

Paradoxalmente, ainda de acordo com as pesquisas, em 68,8% das organizações, nenhum profissional de relações públicas está inserido nos núcleos responsáveis pela articulação de redes sociais. Além disso, os respondentes da pesquisa são profissionais jovens, em geral enquadrados na faixa de 21 a 25 anos (31,3%) e graduados (41,4%) há cerca de dois a cinco anos (26,6%). A maioria, com 40,6%, é composta por jornalistas. Em 84,4% dos profissionais verifica-se, também, ausência de formação complementar em RP, seja por cursos livres, extensão universitária ou pós-graduação *lato sensu*. Em compensação, apesar de se caracterizar pela minoria dos profissionais, 42,2% têm formação complementar em Desenvolvimento Web, ou seja, têm conhecimentos – mesmo que básicos – sobre a parte estrutural da rede.

Estas últimas características reforçam o discurso para uma formação dos comunicólogos – principalmente os profissionais de relações públicas que desejem se inserir nesse novo nicho de mercado – baseada no entrecruzamento de campos do conhecimento, especialmente o marketing e a parte estrutural da rede, como destacou o diretor-geral da CDN: "Nesses profissionais de comunicação, cada um tem sua especificidade. Eu acho que para redes sociais você precisa ter a cabeça de comunicação [...], de relações públicas, só que é preciso complementar. Esse profissional é importante para uma visão voltada para o relacionamento, mas ele tem que conhecer mais de marketing e de tecnologia".

A participação mais intensa de profissionais de relações públicas no mercado atual poderia passar, portanto, por um aumento no entrecruzamento de campos do conhecimento. O mercado tende a exigir profissionais que tenham conhecimento em comunicação social, mas também entendam da estrutura tecnológica. Essa possível formação híbrida não obrigaria o colaborador a programar uma máquina computacional, mas a ter noções da lógica do funcionamento para que, ao interagir com especialistas, possa coordenar processos de maneira mais eficaz, aplicando sua capacidade analítica aos resultados obtidos, principalmente ao tratar de relacionamento com *stakeholders* e de mensuração em redes sociais.

No Brasil, a atividade de RP foi regulamentada em um período em que ainda não havia web, há mais de 40 anos, o que impossibilitou que muitos profissionais ainda atuantes não tivessem contato direto com as tecnologias recentes em sua formação. A introdução das premissas deontológicas e a consolidação da profissão ocorreram em outra realidade tecnológica. Portanto, tornam-se cada vez mais úteis, e fator de fortalecimento da profissão, a inserção e o compartilhamento de conhecimentos de profissionais de outras áreas, como destaca Luiz Alberto de Farias (2011, p. 16): "É também momento para discutir o crescimento do campo, em uma atividade que agrega cada dia mais pessoas – oriundas de diversas matrizes de formação profissional – e amplitude de pesquisas, as quais têm efetivamente consistência e maturidade".

Com o aumento do uso da web e, em especial, das redes sociais por parte das empresas, cresce a multiplicidade dos meios de transmissão de informação e deve-se ampliar a preocupação com públicos específicos e segmentados. Segundo Carolina Frazon Terra (2011a, p. 15), as empresas de hoje "precisam, sobretudo, ter em vista os públicos estratégicos, considerando que um público indireto hoje pode ser um público prioritário amanhã". Ou seja, a organização "precisa dialogar com seus clientes e estar aberta às vozes que vêm de fora" (*ibidem*, p. 53).

Nessa mesma linha, Paulo Nassar (2008) afirma que, nas redes sociais, a primazia do discurso foi perdida pelas empresas, transformando todos os agentes envolvidos em produtores de conteúdo. Ou seja, "as organizações que querem se engajar nesse ambiente devem estabelecer diálogo, legitimar suas intenções e ações e não apenas realizar campanhas publicitárias e programas de relações públicas unidirecionais" (*ibidem*, p. 26). Essa interação e os relacionamentos propiciados pelas redes podem contribuir significativamente para construir uma reputação.

À luz desses conceitos, a articulação de redes sociais, apesar das dificuldades no gerenciamento das solicitações vindas dos públicos da empresa, pode ser muito útil para a construção e o fortalecimento de reputação corporativa. De acordo com Agatha Camargo Paraventi (2011, p. 212), "as mídias digitais têm papel estratégico para a consecução dos objetivos dos planos de relações públicas à medida que proporcionam abertura e participação dos públicos de forma ímpar".

Vale lembrar, também, que o relações-públicas pode ajudar na elaboração de conteúdos e relatórios baseados nas redes sociais; no planejamento e na execução de ações de estímulo à participação do usuário; e na indicação dos métodos para analisar os resultados obtidos no ambiente web. O profissional de RP deve identificar as necessidades de cada departamento da empresa, além de avaliar e agregar valor à informação, antes de distribuí-la aos públicos de interesse. Isso é destacado, também, pela diretora de conteúdo e mídias digitais da In Press Porter Novelli: "O que eu acho muito diferente é a cadeira de planejamento que o relações--públicas traz da faculdade. [...] E outro ponto que diferencia muito do jornalista é a base que ele tem na parte de relacionamento. O mapeamento e a priorização de públicos para a construção, manutenção e consolidação de relacionamentos são diferenciais do profissional de RP".

Pode-se dizer que, por meio de tais processos, o relações--públicas é capaz de fazer que as organizações trabalhem de forma mais eficaz e tenham vantagens competitivas. Ao participar efetivamente da articulação de redes sociais, o profissional de RP pode expor algumas razões para que sua inserção seja valorizada, como:

> [...] oferecer informações detalhadas e atualizadas da empresa; criar o conhecimento dos produtos e serviços; gerar *mailing lists* dos *prospects* da organização; aumentar os lucros pelas vendas dos produtos e serviços

na rede; criar um novo canal de venda para os produtos e serviços da organização; distribuir os produtos e serviços da empresa de modo mais rápido e flexível; aumentar o interesse do público para seus produtos e serviços e despertar a atenção dos formadores de opinião [...]; posicionar a organização de forma estratégica como empresa de alta tecnologia e firmar uma imagem empresarial intimamente associada a tudo o que a web representa; abrir um novo canal de comunicação interativo com o consumidor; reduzir custos de venda, distribuição e promoção; desenvolver conexões com empresas e pessoas que possam influenciar o sucesso de seus negócios; encontrar novos parceiros em todo o mundo. (Pinho, 2003, p. 92)

Além disso, segundo Manuel Castells (2009), para criar processos eficazes de comunicação, dois atributos são fundamentais na articulação de redes sociais: a) capacidade de constituir e (re)programar redes; b) capacidade de conectar e ampliar as chances de cooperação entre usuários.

Por fim, é preciso ressaltar que mesmo para atuar como coordenador das ações nas redes sociais é preciso que o relações-públicas adquira conhecimento para dialogar com eficiência com diferentes profissionais e públicos, como ressalta o coordenador de mídias sociais do Grupo TV1: "O problema que existe hoje, para contratar profissionais nessa área digital, é que ou a pessoa entende muito de mídias sociais e pouco de comunicação, ou entende muito de comunicação e pouco de mídias sociais. É muito difícil achar alguém que consiga unir esses dois tipos de conhecimento".

Considerações finais

Inicio estas considerações finais ressaltando que, embora o termo "redes sociais" apareça no título do presente livro, tais redes não são o foco desta obra, pois podem se mostrar efêmeras em longo prazo, seja por modificações estruturais ou de interface. Como vimos no primeiro capítulo, elas evoluem e ficam obsoletas cada vez mais rápido, e estudos sobre o tema acabam ficando datados. As redes sociais servem, nesse sentido, como pano de fundo para expor o modelo de conversação proporcionado pela web – esse sim considerado mais duradouro, pois permite o contato entre públicos e organizações em diversas plataformas.

Alguns empresários e acadêmicos da área de comunicação, equivocadamente, reduzem a importância e o potencial da web, encarando-a apenas como mais uma ferramenta para publicação de textos e autopromoção e utilizando-a de maneira instrumental. Com infindáveis maneiras de apropriação, há um campo enorme de possibilidades a ser explorado; para isso, porém, é preciso ter capacidade de julgar uma rede ou um programa não somente por sua praticidade de uso, mas também por suas aplicações inexploradas, por suas potencialidades e por sua eficácia.

Segundo José Benedito Pinho (2003), não se devem transformar as redes sociais em um simples Serviço de Atendimento ao

Consumidor (SAC) – nem de maneira ativa, apenas preocupando-se em informar e divulgar produtos e serviços, menos ainda de maneira defensiva, limitando-se a solucionar reclamações. Recomenda-se agir interativamente para fidelizar os públicos, mostrando uma atitude proativa e cordial, fomentando debates, levantando opiniões e solucionando falhas para que as expectativas dos *stakeholders* sempre sejam atendidas.

À luz do contexto tecnológico atual, em que diversos profissionais precisam adquirir capacitação e entendimento do ambiente para exercer tarefas e funções em sua plenitude, Mário Rosa (2007, p. 62) constata que

> [...] o que nos separa da década passada, dos anos 1990, não são apenas dez anos. É uma unidade histórica inteira: uma era. O que nos separa da década anterior é um abismo histórico. [...] Passamos a enfrentar novos desafios, novos riscos e passamos também a divisar novas oportunidades em tudo que diz respeito à percepção e à exposição de imagens públicas ou institucionais.

Nesse sentido, verificou-se, por meio das pesquisas de campo (quantitativa e qualitativa), que os profissionais de comunicação social, principalmente os de relações públicas, devem se adaptar a novas barreiras culturais, estratégicas e econômicas, muitas delas criadas pelas inovações tecnológicas. Os princípios que norteiam a profissão foram pensados em um panorama totalmente diferente do atual, mas as principais mudanças devem ocorrer nos profissionais e nas organizações.

Como indica Jim Macnamara (2010), a evolução tecnológica provoca enormes transformações na área de comunicação; em consequência, são necessários diversos ajustes nos modelos de negócios das organizações para que continuem competitivas. Nesse novo cenário apresentado, de acordo com Manuel Castells (2003), as empresas devem realizar adaptações como inovação, flexibilidade no trabalho e investimento na rede.

Ainda no que se refere à relação entre organizações e internet, segundo José Benedito Pinho (2003, p. 91), o aumento do uso da web também está relacionado com a ideia de que organizações dos mais variados portes desejam ser identificadas futuramente como pioneiras no uso de redes sociais com sucesso. Diante dessas circunstâncias, o monitoramento – até mesmo da reputação corporativa – ganha importância ao facilitar o replanejamento constante de estratégias para agradar aos públicos de interesse.

Ressalta-se que nem todas as organizações precisam, obrigatoriamente, adentrar essa seara, mas aconselha-se a participação nesse tipo de diálogo para esclarecer possíveis dúvidas, demonstrar interesse no relacionamento com *stakeholders* e reforçar a imagem institucional, além de propiciar ao usuário a sensação de pertencimento de grupo e interatividade por meio do contato direto com empresas.

O cerne da questão é que a empresa pode até optar por ignorar menções à sua marca nas redes sociais, mas precisa ter consciência de que não participar desse ambiente não impedirá que a conversação entre públicos de interesse, em qualquer país em que há liberdade de expressão, ocorra. Não há como coibir a interatividade entre usuários; assim, recomenda-se a participação para que eles possam obter respostas corretas, sem distorções de terceiros. Ou seja, de acordo com Carolina Frazon Terra (2011b, p. 271), "as conversações estão ocorrendo com ou sem a participação das organizações, de modo que, quando são ignoradas, podem representar danos de reputação difíceis de ser recuperados".

Portanto, segundo Jim Macnamara (2010), as redes sociais oferecem às organizações a oportunidade de dialogar de maneira direta com seus *stakeholders*, podendo gerar aumento de visibilidade da marca, além de credibilidade e humanização da empresa. Para lidar com o relacionamento entre organizações e diversos públicos em um ambiente calcado na tecnologia, que tende a ser mais utilizado a cada dia, é cada vez mais evidente a necessidade de um profissional especializado em articular redes, que empregue esforços constantes para disseminar informações atualizadas e para fornecer respostas imediatas aos públicos de interesse.

Além disso, a presença de um profissional capacitado pode ajudar a conscientizar os colaboradores da organização sobre a melhor maneira de fazer a divulgação de informações, além de articular as redes de modo adequado para fortalecer relacionamentos e, consequentemente, adquirir endosso de diversos públicos à imagem institucional e reputação corporativa.

Segundo Carolina Frazon Terra (2008), é preciso ter consciência de que, ao participar de redes sociais, em que o impacto das mensagens é instantâneo, as empresas tendem a ficar mais vulneráveis e sujeitas às benesses, calúnias, injúrias e difamações presentes na web. Em contrapartida, os comentários positivos recebidos pelos públicos de interesse da organização podem ser entendidos como uma retribuição pelas informações distribuídas, ou seja, um sinal de aprovação e recomendação dos serviços de determinada empresa, o que a motivaria a manter a prática. Também é possível obter: retorno de opinião do consumidor acerca da organização e de seus produtos e serviços; fortalecimento da relação entre a empresa, seus públicos e a mídia em geral; e destaque nos *rankings* de busca da internet, gerando um fortalecimento de imagem e reputação.

Apesar dos possíveis benefícios do uso das redes sociais por empresas, vale destacar que o diálogo e os relacionamentos presenciais continuam sendo importantes. Não se deve tratar a web como a solução para todos os problemas corporativos, mas como um complemento para atividades desempenhadas quando as premissas deontológicas da profissão foram desenvolvidas. Um plano de comunicação completo não pode se valer das redes sociais como único meio para atingir os *stakeholders* de uma organização. Segundo José Benedito Pinho (2003), a falta de prática no manuseio de alguns sistemas, não só por articuladores como por alguns públicos de interesse da empresa, além da falta de acesso à internet e, especialmente, à banda larga por toda a população, pode limitar o acesso a alguns tipos de público. Nessa perspectiva de complementaridade de ambientes e plataformas a ser utilizadas para a construção de relacionamentos, de acordo com Luiz Alberto de Farias (2009b, p. 147),

> a atuação de relações públicas – como se defende atualmente – é estratégica. É claro que não se podem deixar de lado as ações pontuais, operacionais, sem as quais a estratégia não se efetiva, mas pensar em termos de médio e longo prazo se torna cada dia mais exigível, pois os resultados organizacionais ideais passam por conceitos que não podem ficar restritos somente ao plano da comunicação ou ao do saber-fazer. Talvez por isso as relações públicas sempre tiveram certa facilidade em compreender as necessidades das empresas. Precisam apenas não deixar de perceber as inúmeras transformações que estão – e, parece, sempre estarão – em curso.

A gerente de mídias sociais da FSB diz acreditar "que o profissional de RP é o mais qualificado para trabalhar relacionamento. Até mesmo olhando a matriz curricular da maioria dos cursos dá para perceber que ela privilegia o relacionamento. Entendo que essa é a função principal do relações-públicas". Agências como CDN, Edelman Significa e In Press Porter Novelli defendem, inclusive em palestras[48], que o relacionamento com públicos de interesse das empresas contratantes deve ser atribuído à área de comunicação corporativa, com destaque para relações públicas. Afinal,

> se preservar uma boa imagem sempre foi importante para a sobrevivência de uma instituição, no contexto atual, em que as informações circulam na velocidade de cliques no *mouse*, essa tarefa merece total atenção. Há algumas décadas, se uma pessoa ou empresa cometesse um deslize considerado grave, sua desgraça se espalharia pelo círculo de sua comunidade próxima, de sua cidade ou, no máximo, dos habitantes ao alcance das notícias do jornal local. Atualmente, em tempos de internet de banda larga [...] e de YouTube, ela corre o risco de ver sua desgraça exposta em praça pública, em praticamente todo o planeta, numa rapidez incrível. (Carvalho, 2011, p. 132)

Trata-se, na perspectiva de Carolina Frazon Terra (2011a, p. 102-3), "de mais um papel a ser assumido pelo comunicador: o de gestor de imagem nas redes sociais, capaz de avaliar a presença de marca e de propor estratégias que deponham a favor das organizações". Isso porque, no âmbito das redes sociais – especialmente ao se analisar os resultados obtidos com as pesquisas de campo –, evidenciou-se o uso majoritário das mais populares, como Twitter e Facebook, em detrimento da criação de redes proprietárias.

Essa articulação e apropriação "domésticas" (que ocorrem de maneira similar à dos usuários comuns, sem um nível de manuseio personalizado), seja por falta de demanda seja pela dificuldade de ampliar a participação do grande público em redes proprietárias de empresas, desmotivam a criação de novas experiências e de aparatos com interfaces amigáveis e funções mais assertivas. A nítida separação entre os profissionais de comunicação social e os de ciência da computação ou de tecnologia da informação ainda persiste. Investimentos em cursos de monitoramento e mensuração, todavia, podem iniciar a aproximação entre os campos do conhecimento.

Fazendo referência à transdisciplinaridade e ao pensamento computacional abordados no Capítulo 4, pode-se dizer que, se associados ao desenvolvimento de bancos de dados e à formulação de interfaces, com apoio do *design*, podem facilitar o acesso à informação e ampliar o alcance da empresa diante de seus públicos de interesse. Nesse sentido, a mineração em banco de dados também poderia fornecer informações interessantes à organização. É o que destaca Walter Teixeira Lima Junior (2012) ao afirmar que a

[...] interação de muitos indivíduos através das redes sociais conectadas gera enorme e variada quantidade de dados (texto, áudio, imagens estáticas, vídeo etc.). Minerando os dados inseridos nas redes sociais, o "sentimento" das multidões pode ser detectado e torna-se uma das mais ricas fronteiras entre a computação e as ciências sociais.

Nota-se, assim, a importância de que profissionais da área de comunicação, em especial de relações públicas, adquiram, no mínimo, conhecimentos básicos sobre a estrutura das tecnologias para desempenhar as melhores práticas dentro da web.

Fazendo menção, novamente, às entrevistas realizadas na pesquisa qualitativa, percebeu-se que o profissional de relações públicas terá de entrecruzar campos do conhecimento com áreas de: marketing (para adquirir uma visão mais mercadológica); ciência da computação e tecnologia da informação (para atualizar e aperfeiçoar os serviços prestados na web); jornalismo (para gerenciar informações de acordo com as técnicas jornalísticas); e *design* (para elaborar peças gráficas que motivem a participação dos usuários), entre outras, que podem ter mais ou menos utilidade de acordo com o público que se deseja atingir. Dessa maneira, pode tanto planejar mais adequadamente as ações – gerenciando a *expertise* de cada núcleo de atividade – quanto administrar relacionamentos de modo mais direto.

Especificidades, muitas vezes, serão mantidas, já que o profissional de relações públicas (ou de qualquer outra área) dificilmente conseguirá constituir um arcabouço completo de competências necessárias para elaborar a parte estrutural, visual e de conteúdo na web. Porém, até mesmo para administrar profissionais capacitados em cada linha de atuação – e não apenas participar da parte operacional – seria necessário ter conhecimentos básicos em cada segmento. Nesse sentido, entrecruzar campos do conhecimento e conhecer as arquiteturas dos sistemas empregados poderia favorecer a prestação de serviços com excelência e potencialidades ampliadas.

Assim, o relações-públicas contemporâneo não pode limitar-se à parte operacional. Como destaca Jim Macnamara (2010), ele precisa ter visão global de todos os processos comunicacionais de uma organização, dando autonomia aos colaboradores, mas contribuindo com: fornecimento de instruções; inferências e diretrizes tanto nas práticas *online* quanto nas presenciais; auxílio no alinhamento de discurso entre todos os colaboradores e consequente disseminação de uma mensagem unificada; realização de pesquisas para identificar as necessidades de informação de cada núcleo da empresa; participação proativa, coesa e receptiva no site corporativo e em redes sociais das quais a organização faz parte; além de monitoramento e análise de informações – audiência, credibilidade da fonte e mensagens favoráveis e desfavoráveis ou com conteúdo capaz de produzir potenciais crises – coletadas na imprensa tradicional e, em especial, na web.

Na prestação de serviços de RP, identifica-se que apenas entender da parte de programação não é suficiente, já que relatórios baseados em análise crítica da comunicação não seriam produzidos. Em contrapartida, somente o olhar de RP, sem mensuração, parece também não contemplar as exigências do mercado. A tecnologia é importante, até mesmo, para oferecer informações estratégicas do mercado a quem sabe manuseá-las, mas o componente humano e a criatividade sempre estarão presentes. A associação entre ambas as partes pode gerar resultados muito melhores para a organização e para a atividade de relações públicas. Unir as técnicas de comunicação às camadas tecnológicas – de programação e de ciência da computação – permitiria tanto gerar conteúdo como atuar nos códigos, desenvolvendo novos sistemas que poderiam otimizar a gestão da informação e os relacionamentos entre empresas e *stakeholders*.

Desse modo, acredita-se que a inserção do profissional de RP ocorrerá mais adequadamente a partir do momento em que a sociedade e o próprio mercado considerarem que as técnicas de RP são importantes para suas atividades. Até porque, segundo Ethel Shiraishi Pereira (2011, p. 141-2), "o valor das relações públicas como função estratégica está em equilibrar os interesses da sociedade com os interesses dos clientes com os quais o profissional trabalha". Nessa perspectiva, quanto mais serviços inovadores e de qualidade forem prestados, em decorrência dos resultados obtidos por empresas que empregam profissionais de RP, maior a chance de que outras organizações também os contratem, aumentando sua empregabilidade.

Constata-se que, diante de um novo panorama tecnológico, com desafios inéditos, não é a deontologia da atividade que precisa ser alterada, mas a formação de um novo profissional de RP. Os preceitos que norteiam as práticas de relações públicas – como a busca de relacionamentos entre empresas e *stakeholders*, além da construção e do fortalecimento da reputação corporativa – continuam válidos. O que precisará ser feito, no caso de profissionais que queiram se envolver com tecnologia, é formar um relações-públicas que compreenda essa nova realidade, entenda a lógica dos processos e, consequentemente, consiga aplicar as premissas deontológicas da profissão nesse novo cenário.

Basicamente, de acordo com as entrevistas realizadas na pesquisa qualitativa, é possível dizer que, na web, os profissionais precisam adaptar-se ao novo ambiente, ter mobilidade profissional e pessoal, além de buscar atualização com o que acontece no noticiário global, procurando sempre facilitar o acesso à informação da forma mais adequada para o público interno e externo. O desempenho da função depende muito, também, do monitoramento constante das redes sociais com o objetivo de verificar os resultados obtidos, definir novas estratégias e, por conseguinte, racionalizar a organização, tornando-a cada vez mais eficaz.

Joseph Straubhaar, Robert LaRose e Lucinda Davenport (2010) destacam que, apesar do debate sobre as ferramentas e redes sociais mais adequadas para os profissionais de RP, uma boa redação – indicada a públicos e veículos específicos – e o entendimento de cada público e processo de comunicação, por meio de pesquisa, ainda são condições *sine qua non* para a excelência dos serviços.

Portanto, sabendo os limites e as potencialidades da tecnologia, o papel do profissional de relações públicas será, cada vez mais, o de procurar sugerir às organizações meios para atingir pessoas que não tiveram seus desejos suficientemente despertados, para que, voluntariamente, busquem informações a respeito de determinado assunto.

Nessa perspectiva, o articulador de redes sociais deve tentar reduzir a ilusão de que todos estão se comunicando com todos e expandir a conversação, que em geral se resume a pequenos grupos – com arcabouços teóricos e interesses parecidos –, para públicos que precisam ser estimulados com informações personalizadas e atualizadas, aumentando o impacto e a abrangência da mensagem enviada ao atingir o público certo – ou seja, aquele que tem interesse em determinado tipo de informação, no momento ideal.

Ainda na seara da articulação de redes e na tentativa de aumentar a participação dos públicos, ao abordar questões como o *gatewatching* e o *netweaving*, tenta-se identificar a melhor maneira de empregar e incentivar a utilização profissional das técnicas de relações públicas no ambiente web sem promover manipulação, imposição ou cerceamento de ideias nas redes sociais. Dessa forma, seria proporcionado, em longo prazo, um ganho considerável de reputação para as empresas envolvidas, devido ao sentimento de colaboração provocado nos usuários, uma vez que participantes de determinada rede social que, por exemplo, fizessem sugestões a uma organização e fossem atendidos se sentiriam parte da empresa. Ou seja, seria fundamental um profissional que, segundo Carolina Frazon Terra (2011a, p. 55), "conheça a sua [da empresa] reputação na web; preveja planos diferentes, pois cada rede é distinta; ouça e não apenas fale; engaje pessoas; meça resultados; e permaneça continuamente assim".

Usando um pensamento transdisciplinar – não só no entrecruzamento de campos do conhecimento do ponto de vista científico, entre Exatas e Humanas, como na troca de informações entre departamentos de uma empresa –, o relações-públicas deverá, portanto, já com uma visão global, encontrar pontos convergentes entre grupos de interesses distintos, atraindo a atenção, ampliando a abrangência dos debates e, em consequência, procurando constantemente estimular e impactar os *stakeholders*.

Ou seja, por meio da identificação das intenções dos públicos que deseja atingir, estimular o interesse com o objetivo de ser mais relevante que qualquer outra representação interna ou externa de um grupo, para aumentar as chances de obter retorno de reputação com suas ações realizadas na rede.

Com base na pesquisa que originou este livro, entende-se que as empresas procuram profissionais com formação híbrida, não havendo necessariamente educação acadêmica específica que contemple todas as características e habilidades necessárias para garantir a excelência na articulação de redes sociais. No entanto, como esta obra está focada nas premissas deontológicas de relações públicas, entende-se que o profissional de RP, por conhecer o relacionamento com *stakeholders*, ao adquirir as características supracitadas, poderá obter resultados mais expressivos nas redes sociais.

Ressalta-se, porém, que o processo de aprendizagem – no que tange ao entendimento da estrutura da rede – precisaria ocorrer desde a graduação, com alinhamento aos princípios que norteiam a atividade de relações públicas, o que gera inquietação para futuros projetos de pesquisa.

Notas

1 A expressão "relações públicas" (caixa-baixa) foi utilizada para tratar do campo profissional. O termo "Relações Públicas" (caixa-alta e baixa) foi usado ao se abordar a disciplina universitária. Por fim, "relações-públicas" (com hífen) foi aplicado para designar o profissional de RP.

2 Segundo Ciro Marcondes Filho (2009, p. 188), intencionalidade vem do latim, *intentio*, e se refere ao "fato de se propor [...] certa meta. Termo que Edmund Husserl utiliza para designar o ato pelo qual a consciência relaciona-se com o objeto que ela busca".

3 A internet se organiza sobre uma economia flexível e globalizada e sobre uma sociedade com valores de liberdade individual, comunicação aberta e em constante evolução tecnológica.

4 De acordo com Manuel Castells (2003), quanto mais a sociedade depende de sua rede avançada de comunicações, mais fica exposta a ataques.

5 Para Alexander Galloway (2010), o protocolo tem como função principal permitir que uma máquina opere em conjunto (consiga manter um padrão de troca de informações) com outra.

6 A máquina universal de Turing contribuiu fortemente para os estudos de teoria da computação e, em especial, para a análise de algoritmos. Segundo Stephen Kleene (1994), o algoritmo, formalizado por Alan Turing, é considerado uma sequência não ambígua de instruções – um conjunto de regras determinadas para a efetivação de algo que revela a uma máquina computacional uma ação a cumprir – que, se obedecidas, resultam em ações executadas até que determinada condição se verifique. Uma ordem isolada, porém, não possibilita a realização do processo completo devido à ausência de instruções em ordem sequencial lógica.

7 Para saber mais sobre o trabalho de John Von Neumann, consulte: *O computador e o cérebro*. Lisboa: Relógio D'Água, 2005.

8 Segundo José Benedito Pinho (2003, p. 19), o termo "internet" foi cunhado "com base na expressão inglesa 'INTERaction or INTERconnection between computer NETworks'. Assim, internet é a rede das redes, o conjunto das centenas de redes de computadores conectados em diversos países dos seis continentes. As ligações entre elas empregam diversas tecnologias, como linhas telefônicas comuns, linhas de transmissão de dados dedicadas, satélites, linhas de micro-ondas e cabos de fibra óptica".

9 *Backbone*, na visão de Manuel Castells (2003, p. 15), é "a infraestrutura física da rede, por onde passam as correntes elétricas que são compreendidas como sinais".

10 De acordo com Alexander Galloway (2004), o termo "comutação de pacotes" foi cunhado por Donald Davies, cientista britânico que também inventou um sistema de envio de pequenos pacotes de informação por meio de uma rede distribuída, sem saber dos estudos e projetos de Paul Baran. Os dois cientistas são creditados pela descoberta, mas Baran é mais destacado historicamente devido à sua aproximação da emergente rede Arpa.

11 Segundo José Benedito Pinho (2003, p. 209), o TCP/IP (*transmission control protocol/internet protocol*) é um "conjunto de protocolos da internet que define como se processam as comunicações entre os vários computadores. É a linguagem universal da internet e pode ser implementada em virtualmente qualquer tipo de computador, pois é independente do *hardware*".

12 Tim Berners-Lee e Mark Fischetti (2000, p. 38) definem o HTTP como um protocolo suficientemente simples para ser capaz de obter uma página da web rápido o bastante para a navegação em hipertexto.

13 De acordo com Berners-Lee e Fischetti (2000, p. 41), HTML é uma maneira simples de representar o hipertexto.

14 A definição de públicos e *stakeholders* será apresentada no segundo capítulo.

15 De acordo com Jim Macnamara (2010), Edward Bernays, sobrinho de Sigmund Freud, é controversamente lembrado por algumas pessoas apenas por incentivar mulheres a fumar. Em 1929, com sua esposa e sócia, Doris Fleischman, Bernays escolheu dez mulheres para caminharem pela Quinta Avenida, em Nova York, fumando cigarros. A ideia era simbolizar "Tochas de Liberdade" (lema utilizado para encorajar as participantes) em um período em que as mulheres só podiam fumar em casa. O fato socialmente inaceitável à época chamou a atenção da imprensa, que noticiou o acontecimento sem saber que Edward e sua esposa prestavam serviços de consultoria à American Tobacco Company, empresa do segmento de tabaco que pretendia dobrar os lucros da organização com o consumo feminino do cigarro Lucky Strike.

16 Fábio França (2008, p. 99) afirma que, "ao definir as relações públicas como uma atividade de relacionamentos, é preciso entender que a organização deve ser proativa, pois cabe a ela selecionar e determinar com que perfil de público pretende lidar para obter êxito em seus negócios, além de estabelecer as normas desse relacionamento".

17 Em inglês, *stake*, entre outros sentidos, pode significar interesse, participação em empreendimento ou reivindicação. *Holder* tem sua origem em *hold*, segurar ou dominar, e pode representar o dono ou proprietário (França, 2008).

18 Os termos "*stakeholders*", "públicos de interesse" e "partes interessadas" foram utilizados como sinônimos neste livro porque, de acordo com Fábio França (2008, p. 96), "não há [...] diferença substancial entre dizer 'partes interessadas' e 'públicos' [de interesse]; ambos os termos referem-se ao mesmo objeto de estudo e são inclusivos".

19 Como apresentado no estudo da Deloitte (2010), 70% das organizações já iniciaram suas atividades na web, tanto para divulgar produtos e serviços quanto para aumentar a visibilidade da marca. Os objetivos tentam ser alcançados por meio de monitoramento e estreitamento de relações com os públicos de interesse.

20 A identidade, segundo Paul Capriotti (2005), está intrinsecamente ligada a princípios, valores, características e crenças que identificam uma organização e a diferenciam de suas concorrentes, sendo baseada apenas no público interno, diferentemente da reputação, que é construída por elementos internos e externos.

21 De acordo com Flavio Schmidt (2011, p. 89), "identidade, imagem e reputação são questões ligadas entre si. Essa ligação é tão profunda que merece estudo individualizado. Em si, essas questões formam uma concepção completa. As associações começam pela própria ordem e são complementação uma da outra. Ou seja, sem identidade não há imagem, e sem imagem não há reputação".

22 Essa vantagem competitiva crucial, que vale para pessoas físicas e jurídicas, ocorre, segundo Mário Rosa (2007, p. 68), porque "quem tem boa reputação pode pagar menos ou conquistar condições mais favoráveis basicamente porque o outro confia mais e quer manter aquele bom cliente".

23 Segundo Jakob Nielsen (1998), mesmo que a identificação dos públicos em algum momento seja obscura, sempre é possível criar meios para ajustar os usuários mais adequados para a análise. Somente assim, sem optar por uma avaliação aleatória de públicos, torna-se possível obter resultados confiáveis.

24 Principalmente no que se refere ao tempo gasto em uma página, é necessário considerar que, embora o *software* possa indicar corretamente os minutos despendidos, o usuário talvez não esteja concentrado no texto ou simplesmente tenha mantido o computador ligado em determinada página e deixado o ambiente.

25 A articulação de redes sociais será discutida no Capítulo 4.

26 "Employees three times more active on social networking applications than previous year". 2012. Disponível em: <http://www.paloaltonetworks.com/news/press_releases/2012-0117-aur.html>. Acesso em: 12 mar. 2013.

27 Considerando-se, além das 252 empresas que têm perfil oficial no Twitter, outras 35 que utilizam outros tipos de rede social, como Facebook, Flickr ou YouTube – e não usam o Twitter –, somam-se 287 empresas, ou seja, 28,7% do total.

28 Para efeito de comparação, os resultados obtidos em pesquisa realizada no primeiro semestre de 2012 podem ser visualizados na dissertação de mestrado deste autor (2012).

29 Por se tratar de número de profissionais envolvidos, convencionou-se o arredondamento do resultado obtido. No âmbito geral, o número médio de profissionais envolvidos sem arredondamento daria precisamente 3,6875.

30 O questionário *online* só permitia assinalar uma alternativa. Portanto, cada empresa só poderia identificar o objetivo principal nas redes sociais.

31 O Gráfico 8 apresentará resultados sobre articuladores de redes sociais com formação complementar em Relações Públicas.

32 A proporção de profissionais de RP inseridos internamente e em agências terceirizadas será aprofundada no decorrer da análise da pesquisa qualitativa. De maneira geral, é possível afirmar que o relações-públicas está mais inserido em agências do que internamente.

33 O percentual indicado no Gráfico 6 (87,5% não são graduados em RP) é diferente do que se constata no Gráfico 5 (nenhum profissional de RP em 68,8% dos casos) porque, no primeiro caso (Gráfico 5), foi avaliada a quantidade de profissionais de relações públicas inseridos na área ou departamento responsável pela articulação de redes sociais de grandes empresas, independentemente da habilitação em que o respondente é formado. No segundo caso (Gráfico 6), buscava-se apenas constatar a formação do respondente, e nessa situação o relações-públicas teve participação ainda menor.

34 Foram disponibilizadas cinco alternativas para a questão que tratava da formação dos profissionais: "Jornalismo", "Marketing", "Publicidade e Propaganda", "Tecnologia da Informação" (que não foi mencionada em nenhuma oportunidade) e "Outro" (opção em que, espontaneamente, foram citadas "Web *Design*" e "Produção Multimídia").

35 No questionário foi realizada uma observação para que os respondentes compreendessem mais adequadamente a expressão "Desenvolvimento Web". No caso, a parte estrutural, relativa à programação e ao visual das redes sociais.

36 Como a maior parte dos profissionais está inserida na faixa etária entre 21 e 35 anos, percebe-se que costuma se caracterizar pela juventude. Porém, destaca-se que os profissionais em geral têm mais de 21 anos, já que as alternativas "Menos de 18 anos" e "Entre 18 e 21 anos" não foram citadas em nenhuma oportunidade, apesar de estarem disponíveis no questionário *online*.

37 Os entrevistados indicam que o processo de contratação para gerenciamento de relacionamentos nas redes sociais tem acontecido com

mais frequência recentemente, inclusive com migração de verba do *offline* para o *online*, tanto por empresas que procuram apenas esse tipo de serviço – que acaba sendo, em alguns casos, um chamariz para a aquisição de outros – quanto por organizações que já são clientes da agência, uma vez que as empresas querem entender melhor esse ambiente.

38 De acordo com os entrevistados, geralmente a carga horária de serviço é especificada no escopo do projeto a ser contratado. O valor da proposta leva em consideração a capacitação e o número de profissionais envolvidos no processo, o número de horas que serão demandadas e as estratégias que serão utilizadas.

39 Segundo Mário Rosa (2007, p. 65), nos dias de hoje, "é preciso [...] planejar e prever a possibilidade de danos a reputações, no mínimo, no mesmo grau em que elas já estão expostas".

40 Na perspectiva mercadológica, o engajamento, em linhas gerais, apesar das diferenças de conceito de cada entrevistado, é definido e mensurado, na maioria das vezes, pela conversa gerada em torno de algum tema proposto pela própria agência ou por empresa nas redes sociais.

41 Em geral, as agências optam por perfis organizacionais, uma vez que a personificação da marca em determinada pessoa ou profissional pode provocar a perda de todo o trabalho realizado quando o colaborador for demitido ou receber uma proposta para mudar de empresa. A reputação acaba sendo dividida entre empresa e colaborador, o que não é considerado interessante por muitas organizações. Quando o perfil é pessoal, acaba se utilizando a estratégia de manter a marca da empresa em destaque e o nome do profissional envolvido na articulação em segundo plano, apenas como forma de identificação para eventuais críticas ou elogios por parte do público.

42 Entende-se por rede proprietária um sistema criado pela própria organização que possui características similares à de outras redes sociais mais populares (Facebook, Twitter, entre outros), mas destina-se exclusivamente a discutir temas relacionados à empresa.

43 Segundo os entrevistados, o desenvolvimento de redes sociais voltadas para o público interno tende a funcionar melhor do que as que têm objetivos externos. Porém, destaca-se um grande empecilho para a implementação total das redes sociais internas: o bloqueio de acesso a diversos tipos de conteúdo por algumas organizações. Mesmo com a praticidade dos *smartphones* e *tablets*, muitas organizações restringem o acesso às redes sociais apenas às áreas de comunicação e marketing, o que dificulta a colaboração em sua plenitude.

44 Não se deve cercear o direito de interação dos públicos de interesse com a empresa, mas orientar o debate e sempre responder aos questionamentos dos usuários.

45 Axel Bruns (2005), ao empregar o conceito de *gatekeeping* na web, denominou-o *gatewatching*. O autor destina ao profissional responsável por tal tarefa a incumbência de dar atenção às notícias e aos públicos de interesse com o objetivo de identificar, produzir e disseminar conteúdos importantes e atualizados.

46 Documento redigido por Lima de Freitas, Edgar Morin e Basarab Nicolescu (1994) durante o I Congresso Mundial de Transdisciplinaridade, ocorrido em Portugal.

47 O modelo de identificação de forças (*strenghts*), fraquezas (*weaknesses*), oportunidades (*opportunities*) e ameaças (*threats*) que poderão afetar o desempenho da organização é chamado de análise SWOT. Ressaltando a importância dessa avaliação, Philip Kotler (2000, p. 98) afirma que "uma unidade de negócio tem que monitorar importantes forças macroambientais (econômico-demográficas, tecnológicas, político-legais e socioculturais) e significativos agentes microambientais (clientes, concorrentes, distribuidores, fornecedores) que afetam sua capacidade de obter lucros".

48 "Mídias sociais devem ficar com RP: CDN, InPress Porter Novelli e Edelman Significa defendem que relacionamento em redes sociais deve ser centralizado em comunicação corporativa". 2011. Disponível em: <http://www.proxxima.com.br/proxxima/negocios/noticia/2011/10/05/Midias-sociais-devem-ficar-com-RP.html>.

Referências

ANDRADE, Cândido Teobaldo de Souza. *Para entender relações públicas*. 4. ed. São Paulo: Loyola, 1993.

ANUÁRIO BRASILEIRO DAS AGÊNCIAS DE COMUNICAÇÃO E DA COMUNICAÇÃO CORPORATIVA 2010/2011. São Paulo: MegaBrasil, 2011.

ANUÁRIO BRASILEIRO DA COMUNICAÇÃO CORPORATIVA 2012. São Paulo: MegaBrasil, 2012.

ARGENTI, Paul A. "Identidade, imagem e reputação". In: *Comunicação empresarial: a construção da identidade, imagem e reputação*. Rio de Janeiro: Elsevier, 2006, p. 79-108.

BACCEGA, Maria Aparecida. "Comunicação/Educação e transdisciplinaridade: os caminhos da linguagem". *Comunicação & Educação*, v. 5, n. 15, 1999, p. 7-14.

BARAN, Paul. *On distributed communications. I – Introduction to distributed communications networks*. Santa Mônica: The Rand Corporation, 1964.

BARCELLOS, Fernanda. *Curso básico de relações públicas*. Rio de Janeiro: Tecnoprint, 1984.

BARZILAI-NAHON, Karine; NEUMANN, Seev. *Gatekeeping in networks: a meta-theoretical framework for exploring information control*. 2005. Disponível em: <http://citeseerx.ist.psu.edu/viewdoc/summary?doi=10.1.1.100.5600>. Acesso em: 8 jul. 2012.

BERNERS-LEE, Tim; FISCHETTI, Mark. *Weaving the web: the original design and ultimate destiny of the world wide web, by its inventor*. Nova York: HarperCollins, 2000.

BOYD, Danah; ELLISON, Nicole. "Social network sites: definition, history, and scholarship". 2007. Disponível em: <http://jcmc.indiana.edu/vol13/issue1/boyd.ellison.html>. Acesso em: 23 fev. 2012.
BRIGGS, Asa; BURKE, Peter. *Uma história social da mídia: de Gutenberg à internet*. 2. ed. rev. e ampl. Rio de Janeiro: Zahar, 2006.
BROCKMAN, John. "The third culture: beyond the scientific revolution". 1995. Disponível em: <http://www.edge.org/documents/ThirdCulture/d-Contents.html>. Acesso em: 6 jul. 2012.
BRUNS, Axel. *Gatewatching: collaborative online news production*. Nova York: Peter Lang, 2005.
CAPRIOTTI, Paul. *Planificación estratégica de la imagen corporativa*. 2. ed. Barcelona: Ariel, 2005.
CARVALHO, Cíntia da Silva. "Relações públicas e crises na economia da reputação". In: FARIAS, Luiz Alberto de (org.). *Relações públicas estratégicas: técnicas, conceitos e instrumentos*. São Paulo: Summus, 2011, p. 119-35.
CASTELLS, Manuel. *A galáxia da internet: reflexões sobre a internet, os negócios e a sociedade*. Rio de Janeiro: Zahar, 2003.
_____. "Power in the network society". In: *Communication power*. Nova York: Oxford, 2009, p. 10-53.
COSTELLA, Antonio Fernando. "O telégrafo". In: *Comunicação – Do grito ao satélite*. Campos do Jordão: Mantiqueira, 2002, p. 103-32.
D'AMBROSIO, Ubiratan. *Transdisciplinaridade*. São Paulo: Palas Athena, 1997.
DELOITTE. "Mídias sociais nas empresas: o relacionamento online com o mercado". 2010. Disponível em: <http://www.deloitte.com/assets/Dcom-Brazil/Local%20Assets/Documents/Estudos%20e%20pesquisas/MidiasSociais_relatorio_portugues.pdf>. Acesso em: 18 jan. 2012.
DESLAURIERS, Jean-Pierre; KÉRISIT, Michèle. "O delineamento de pesquisa qualitativa". In: POUPAR, Jean et al. *A pesquisa qualitativa: enfoques epistemológicos e metodológicos*. Petrópolis: Vozes, 2008, p. 127-53.
DINIZ, Bruno Vieira; LIMONGI-FRANÇA, Ana Cristina. "Poder e influência interpessoal nas organizações". *Facef Pesquisa*, Franca, v. 8, n. 1, 2005, p. 23-33.
EXAME. *Edição especial 40 anos – Melhores e Maiores: as 1000 maiores empresas do Brasil*. São Paulo: Abril, 2013.
FARIAS, Luiz Alberto de. "Relacionamento nas organizações". *Communicare*, São Paulo, v. 1, n. 1, 2001, p. 139-48.

_____. "Estratégias de relacionamento com a mídia". In: KUNSCH, Margarida Maria Krohling (org.). *Gestão estratégica de comunicação organizacional e relações públicas*. 2. ed. São Caetano do Sul: Difusão, 2009a, p. 91-104.

_____. "Relações públicas e sua função dialógica". *Revista Organicom*, ano 6, n. 10/11, 2009b, p. 142-7.

_____. "Introdução" e "Planejamento e estratégia: bases do trabalho em relações públicas". In: FARIAS, Luiz Alberto de (org.). *Relações públicas estratégicas: técnicas, conceitos e instrumentos*. São Paulo: Summus, 2011, p. 15-7 e p. 51-60.

FERREIRA, Paulo Henrique de Oliveira. "O jornalismo on-line: do telégrafo à internet móvel". *Revista de Estudos de Jornalismo*, Campinas, v. 6, n. 1, jan./jun. 2003, p. 65-77.

FLUSSER, Vilém. *O mundo codificado: por uma filosofia do design e da comunicação*. São Paulo: Cosac Naif, 2007.

FORTES, Waldyr Gutierrez. *Relações públicas: processo, funções, tecnologia e estratégias*. 3. ed. São Paulo: Summus, 2003.

FRANÇA, Fábio. *Públicos: como identificá-los em uma nova visão estratégica*. 2. ed. São Caetano do Sul: Yendis, 2008.

_____. "Imagem corporativa". In: MELO, José Marques de (org.). *Enciclopédia Intercom de comunicação*. São Paulo: Sociedade Brasileira de Estudos Interdisciplinares da Comunicação, 2010a, p. 654-5.

_____. "Reputação". In: MELO, José Marques de (org.). *Enciclopédia Intercom de comunicação*. São Paulo: Sociedade Brasileira de Estudos Interdisciplinares da Comunicação, 2010b, p. 1073-4.

FRANÇA, Vera Veiga. "Paradigmas da comunicação: conhecer o quê?" In: MOTTA, Luiz Gonzaga et al. (orgs.). *Estratégias e culturas da comunicação*. Brasília: Editora UnB, 2002, p. 13-29.

FRANCO, Augusto de. "Para fazer netweaving". 2008a. Disponível em: <http://escoladeredes.ning.com/profiles/blogs/para-fazer-netweaving>. Acesso em: 28 jan. 2012.

_____. "Uma introdução às redes sociais". 2008b. Disponível em: <http://escoladeredes.ning.com/profiles/blogs/uma-introducao-as-redes>. Acesso em: 2 fev. 2012.

_____. "O poder nas redes". 2009a. Disponível em: <http://escoladeredes.ning.com/profiles/blogs/o-poder-nas-redes-sociais>. Acesso em: 11 fev. 2012.

_____. "Netweaving". 2009b. Disponível em: <http://escoladeredes.ning. com/profiles/blogs/netweaving-1>. Acesso em: 1 mar. 2012.

FREEMAN, Robert Edward; REED, David L. "Stockholders and stakeholders: a new perspective on corporate governance". *California Management Review*, v. XXV, n. 3, 1983, p. 88-106. Disponível em: <http://trebucq.u-bordeaux4.fr/Stock&stakeholders.pdf>. Acesso em: 11 mar. 2012.

FREITAS, Lima de; MORIN, Edgar; NICOLESCU, Basarab. *Carta da transdisciplinaridade*. 1994. Disponível em: <http://www.caosmose.net/candido/unisinos/textos/textos/carta.pdf>. Acesso em: 8 jul. 2012.

GALLOWAY, Alexander. *Protocol: how control exists after decentralization*. Cambridge: The MIT Press, 2004.

_____. "Qual o potencial de uma rede?" In: SILVEIRA, S. A. da (org.). *Cidadania e redes digitais*. São Paulo: CGI.br/Maracá, 2010, p. 85-97.

IASBECK, Luiz Carlos Assis. "Imagem e reputação na gestão da identidade organizacional". *Revista Organicom*, São Paulo, ano 4, n. 7, 2007, p. 84-97.

KARAM, Francisco José Castilhos. "Deontologia". In: MARCONDES FILHO, Ciro (org.). *Dicionário da comunicação*. São Paulo: Paulus, 2009.

KLEENE, Stephen C. "Turing's analysis of computability, and major applications of it". In: HERKEN, Rolf (org.). *The universal Turing machine: a half-century survey*. Nova York: Springer, 1994. p. 15-49.

KOTLER, Philip. *Administração de marketing*. São Paulo: Prentice Hall, 2000.

KUNSCH, Margarida Maria Krohling. *Planejamento de relações públicas na comunicação integrada*. São Paulo: Summus, 2003.

LERNER, Elisabeth Barbieri; BRITO, Eliane Pereira Zamith. "A relação entre responsabilidade social corporativa e reputação corporativa". 2007. Disponível em: <http://www.anpad.org.br/diversos/trabalhos/3Es/3es _2007/2007_3ES415.pdf>. Acesso em: 19 mar. 2012.

LIMA JUNIOR, Walter Teixeira. "Mídias sociais conectadas e jornalismo participativo". In: KÜNSCH, Dimas A. et al. *Esfera pública, redes e jornalismo*. Rio de Janeiro: E-papers, 2009, p. 168-88.

_____. "Considerações sobre a relevância da informação jornalística nos sistemas computacionais conectados em rede". *Revista Comunicologia*, Brasília, v. 1, n. 7, 2010a, p. 14-31.

_____. "Por que as empresas não deslancham nas redes sociais conectadas". 2010b. Disponível em: <http://idgnow.uol.com.br/blog/tecnologiaecomunicacao/2010/11/08/por-que-as-empresas-nao-deslancham-nas-redes-sociais-conectadas/>. Acesso em: 10 fev. 2012.

_____. "Jornalismo computacional em função da 'Era do Big Data'". *Revista Líbero*, São Paulo, v. 14, n. 28, dez. 2011, p. 45-52.

_____. "Sentimento: nova corrida do ouro da informação digital". 2012. Disponível em: <http://idgnow.uol.com.br/blog/tecnologiaecomunicacao/2012/04/05sentimento-nova-corrida-do-ouro-da-informacao-digital/>. Acesso em: 23 jun. 2012.

LOPES, Valéria de Siqueira Castro; PENAFIERI, Vânia. "Opinião e pesquisa: instrumentos de orientação e de avaliação". In: FARIAS, Luiz Alberto de (org.). *Relações públicas estratégicas: técnicas, conceitos e instrumentos*. São Paulo: Summus, 2011, p. 285-309.

LOVINK, Geert. "O princípio de inconexão". 2006. Disponível em: <http://m4riabeat.blogspot.com.br/2010/03/o-principio-de-inconexao.html>. Acesso em: 28 fev. 2012.

MACNAMARA, Jim. *The 21st century media (r)evolution: emergent communication practices*. Nova York: Peter Lang, 2010.

MARCONDES FILHO, Ciro. "Intencionalidade". In: *Dicionário da comunicação*. São Paulo: Paulus, 2009.

MARTINEZ, Monica. "Comunicação, transdisciplinaridade e criatividade". *Revista Líbero*, ano XI, n. 21, jun. 2008.

MESTIERI, Carlos Eduardo. "História e desafios das relações públicas". In: *Relações públicas, a arte de harmonizar expectativas*. São Paulo: Aberje, 2004. p. 13-22.

NASSAR, Paulo. "Não dá para brincar com a mídia digital". *Revista Melhor ABRH*, São Paulo, jul. 2008, p. 26-7.

NIELSEN, Jakob. "The reputation manager". 1998. Disponível em: <http://www.useit.com/alertbox/980208.html>. Acesso em: 15 mar. 2012.

_____. "Participation inequality: encouraging more users to contribute". 2006. Disponível em: <http://www.useit.com/alertbox/participation_inequality.html>. Acesso em: 28 fev. 2012.

PANELLA, Cristina. "Teorizar e medir: a pesquisa na gestão da imagem e da reputação". *Revista Organicom*, ano 4, n. 7, 2007, p. 281-97.

PARAVENTI, Agatha Camargo. "Uso estratégico das publicações na gestão dos relacionamentos organizacionais". In: FARIAS, Luiz Alberto de (org.). *Relações públicas estratégicas: técnicas, conceitos e instrumentos*. São Paulo: Summus, 2011, p. 195-234.

PEARSON, Kim. "How computational thinking is changing journalism & what's next". 2009. Disponível em: <http://www.poynter.org/column.asp?id=31&aid=164084>. Acesso em: 14 jul. 2012.

PEREIRA, Ethel Shiraishi. "Eventos em relações públicas: ferramenta ou estratégia?" In: FARIAS, Luiz Alberto de (org.). *Relações públicas estratégicas: técnicas, conceitos e instrumentos*. São Paulo: Summus, 2011, p. 137-50.

PINHO, José Benedito. *Relações públicas na internet: técnicas e estratégias para informar e influenciar públicos de interesse*. São Paulo: Summus, 2003.

PINTO, Álvaro Vieira. *O conceito de tecnologia*. Rio de Janeiro: Contraponto, 2005.

RECUERO, Raquel. "O que é mídia social?" 2008. Disponível em: <http://pontomidia.com.br/raquel/arquivos/o_que_e_midia_social.html>. Acesso em: 28 fev. 2012.

_____. "Rede social". In: SPYER, Juliano (org.). *Para entender a internet: noções, práticas e desafios da comunicação em rede*. Rio de Janeiro: Não Zero, 2009, p. 25-6.

REN, Yuqing; KRAUT, Robert E. "A simulation for designing online community: member motivation, contribution, and discussion moderation". 2009. Disponível em: <http://www.cs.cmu.edu/~kraut/RKraut.site.files/articles/ren07-SimulatingOnlineCommunit-v4.6-rek.pdf>. Acesso em: 9 jul. 2012.

ROSA, Mário. "A reputação sob a lógica do tempo real". *Revista Organicom*, ano 4, n. 7, 2007, p. 59-69.

SANTOS, Rosane Palacci dos. "A pesquisa qualitativa como instrumento fundamental para relações públicas". In: MOURA, Cláudia Peixoto de; FOSSATTI, Nelson Costa. *Práticas acadêmicas em relações públicas*. Porto Alegre: Sulina, 2011, p. 90-101.

SCHMIDT, Flavio. "Identidade, imagem e reputação: empresas sem pertencimento no mundo da interdependência". In: FARIAS, Luiz Alberto de (org.). *Relações públicas estratégicas: técnicas, conceitos e instrumentos*. São Paulo: Summus, 2011, p. 89-105.

SHAPIRO, Carl; VARIAN, Hal R. "A economia da informação". In: *A economia da informação: como os princípios econômicos se aplicam à era da internet*. Rio de Janeiro: Campus, 1999, p. 13-33.

SNOW, Charles Percy. *The two cultures*. Londres: Cambridge University Press, 1993.

STANDAGE, Tom. *The Victorian internet: the remarkable story of the telegraph and the nineteenth century's on-line pioneers*. Nova York: Walker, 1998.

STRAUBHAAR, Joseph; LAROSE, Robert. *Comunicação, mídia e tecnologia*. São Paulo: Pioneira Thomson Learning, 2004.

STRAUBHAAR, Joseph; LAROSE, Robert; DAVENPORT, Lucinda. *Media now: understanding media, culture, and technology*. 6. ed. Boston: Wadsworth, 2010.

TERRA, Carolina Frazon. *Blogs corporativos: modismo ou tendência?* São Caetano do Sul: Difusão, 2008.

_____. *Mídias sociais... e agora?* – O que você precisa saber para implementar um projeto de mídias sociais. São Caetano do Sul: Difusão, 2011a.

_____. "Relações públicas na era dos megafones digitais". In: FARIAS, Luiz Alberto de (org.). *Relações públicas estratégicas: técnicas, conceitos e instrumentos*. São Paulo: Summus, 2011b. p. 263-284.

VERGILI, Rafael. "A relação homem-máquina e a cooperação nas redes". In: LIMA JUNIOR, Walter Teixeira (org.). *Comunicação, tecnologia e cultura de rede*. v. 1. São Paulo: Momento, 2011a, p. 141-75.

_____. "Comunicação e tecnologia: a importância do pensamento transdisciplinar para o cientista de mídias sociais". *ComTempo – Revista Eletrônica da Pós-Graduação da Cásper Líbero*, v. 3, n. 2, 2011b, p. 1-11.

_____. *Premissas deontológicas de relações públicas e exigências do mercado: relacionamento entre grandes empresas e stakeholders por meio de redes sociais conectadas*. Dissertação (Mestrado em Comunicação na Contemporaneidade) – Programa de Pós-Graduação *Stricto Sensu* em Comunicação, Faculdade Cásper Líbero, São Paulo (SP), 2012.

WEY, Hebe. *O processo de relações públicas*. São Paulo: Summus, 1986.

WING, Jeannette M. "Computational thinking". 2006. Disponível em: <http://www.cs.cmu.edu/afs/cs/usr/wing/www/publications/Wing06.pdf>. Acesso em: 12 jul. 2012.

YANAZE, Mitsuru Higuchi; FREIRE, Otávio; SENISE, Diego. *Retorno de investimentos em comunicação: avaliação e mensuração*. São Caetano do Sul: Difusão, 2010.

ZUFFO, João Antonio. "Evolução tecnológica nos campos da informática, da informação e da comunicação". In: *A sociedade e a economia no novo milênio: os empregos e as empresas no turbulento alvorecer do século XXI. Livro I – A tecnologia e a infossociedade*. São Paulo: Manole, 2003, p. 1-45.

Agradecimentos

Aos meus pais, Rodney Vergili e Vera Lucia Pereira Vergili, que foram responsáveis por todo o incentivo para dar continuidade aos meus estudos e, sempre que possível, participaram da minha trajetória acadêmica, sendo imprescindíveis para a conclusão deste livro.

Aos professores da Faculdade Cásper Líbero, que sempre foram muito solícitos, não medindo esforços para que eu obtivesse amadurecimento acadêmico e desenvolvesse minha dissertação de mestrado, base para o presente livro.

Ao corpo docente da Escola de Comunicações e Artes da Universidade de São Paulo (ECA-USP), representados pela minha orientadora, professora doutora Brasilina Passarelli, que, ao longo do ano de 2013, contribuíram com novas informações para a atualização deste livro.

Três agradecimentos especiais. Ao professor doutor Walter Teixeira Lima Junior, orientador nos três primeiros semestres do meu mestrado, que acreditou no projeto, possibilitou o meu ingresso no Grupo de Pesquisa Teccred (Comunicação, Tecnologia e Cultura de Rede) e, posteriormente, no Tecccog (Tecnologia, Comunicação e Ciência Cognitiva), além de ter sido responsável por diversos ensinamentos e explicações acerca dos conceitos utilizados. A continuidade de estudos complementares a este, especialmente no meu doutorado, se entrecruza, em diversos momentos, com diretrizes obtidas em suas disciplinas.

Outro agradecimento especial ao orientador responsável pela conclusão do projeto, professor doutor Edilson Cazeloto, que escolheu os momentos certos para cobrar e elogiar as atividades realizadas. As contribuições geradas principalmente após a banca de qualificação foram de suma importância, sobretudo para instigar novas abordagens.

E um terceiro agradecimento especial ao professor doutor Luiz Alberto de Farias, por aceitar o convite para participar da minha banca de defesa do mestrado na Faculdade Cásper Líbero, contribuir com novas ideias no decorrer de sua disciplina no doutorado da ECA-USP e possibilitar a publicação deste livro, inclusive redigindo o prefácio da obra.

Aos profissionais das agências de comunicação (CDN, Edelman Significa, FSB, Grupo Máquina PR, Grupo TV1 e In Press Porter Novelli) que se dispuseram a participar, por meio de entrevistas, da pesquisa qualitativa deste livro.

Aos mais de 120 articuladores de redes sociais de grandes empresas que responderam ao questionário referente à pesquisa quantitativa e contribuíram para definir um panorama geral da inserção do profissional de RP no mercado.

A Soraia Bini Cury, editora executiva do Grupo Summus, por todo o apoio no decorrer da elaboração deste livro, assim como a Carlos Silveira Mendes Rosa, pelo profissionalismo e competência na revisão e edição da obra.

E a todos os colegas e amigos que dividiram a sala de aula comigo – na graduação, no mestrado ou no doutorado – e, ao longo dos últimos anos, além da paciência costumeira, sempre foram generosos ao compartilhar informações, artigos e livros relacionados ao objeto de estudo. Cada um sabe a importância que teve no processo.

www.gruposummus.com.br

IMPRESSO NA
sumago gráfica editorial ltda
rua itauna, 789 vila maria
02111-031 são paulo sp
tel e fax 11 **2955 5636**
sumago@sumago.com.br